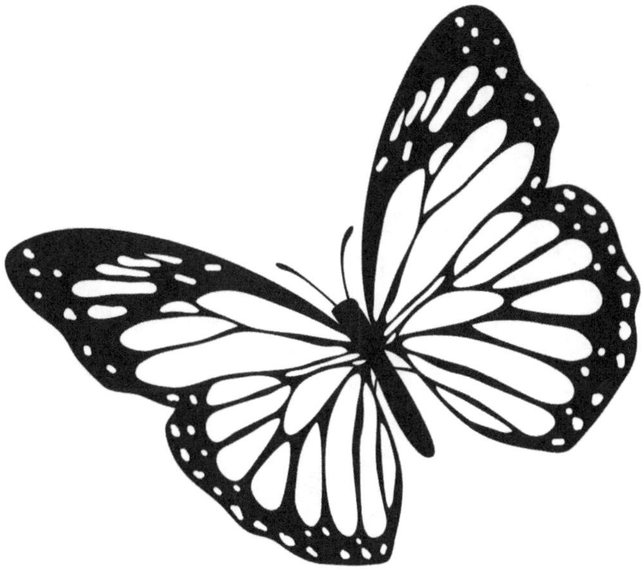

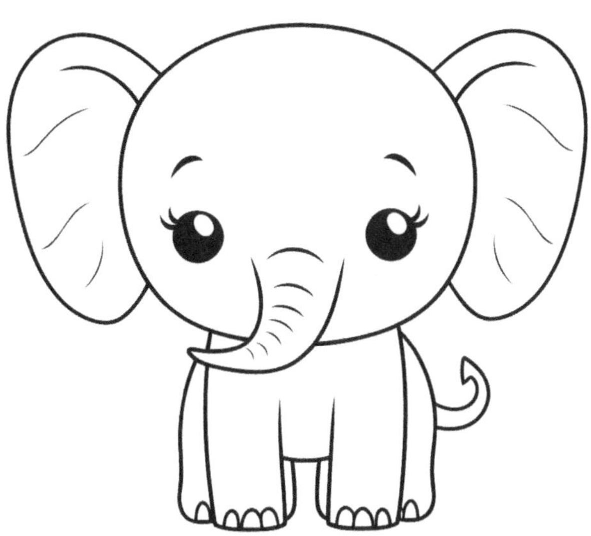

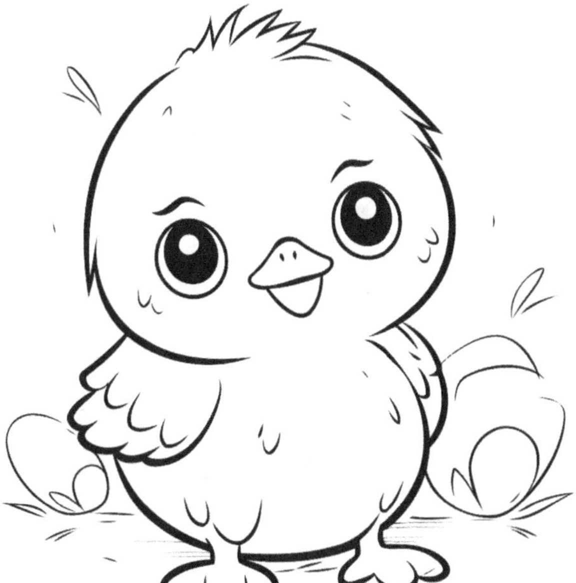

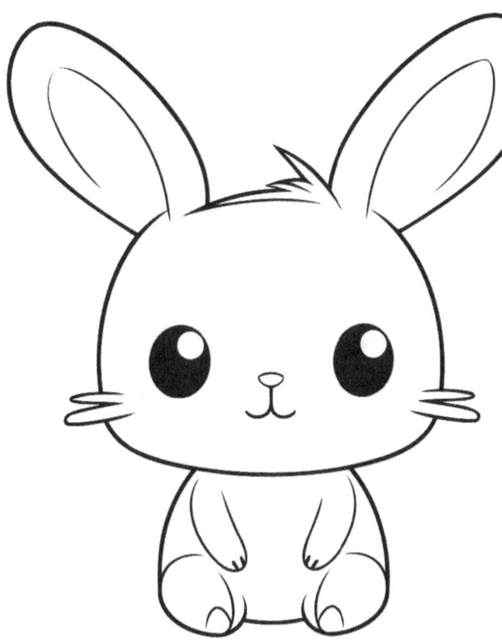

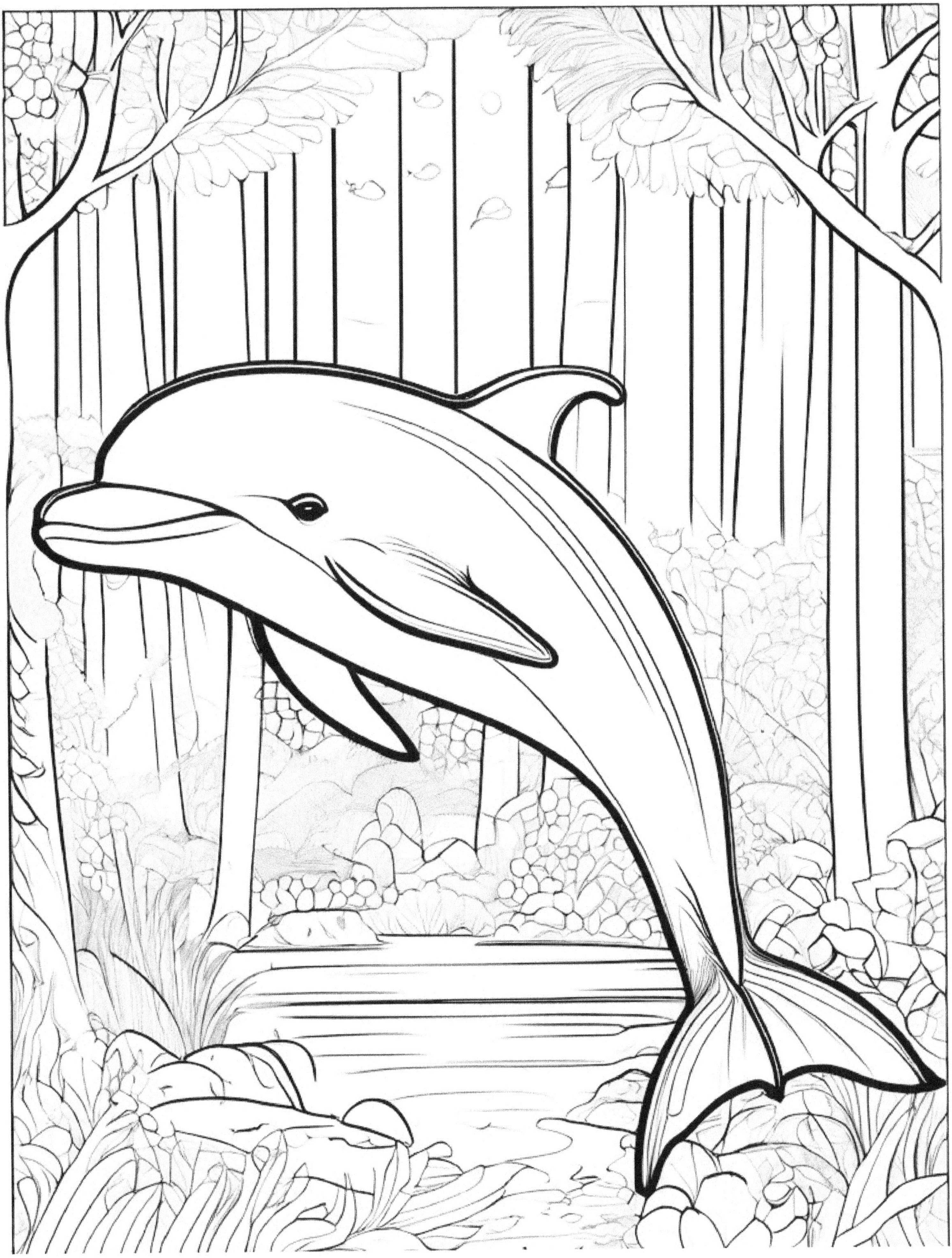

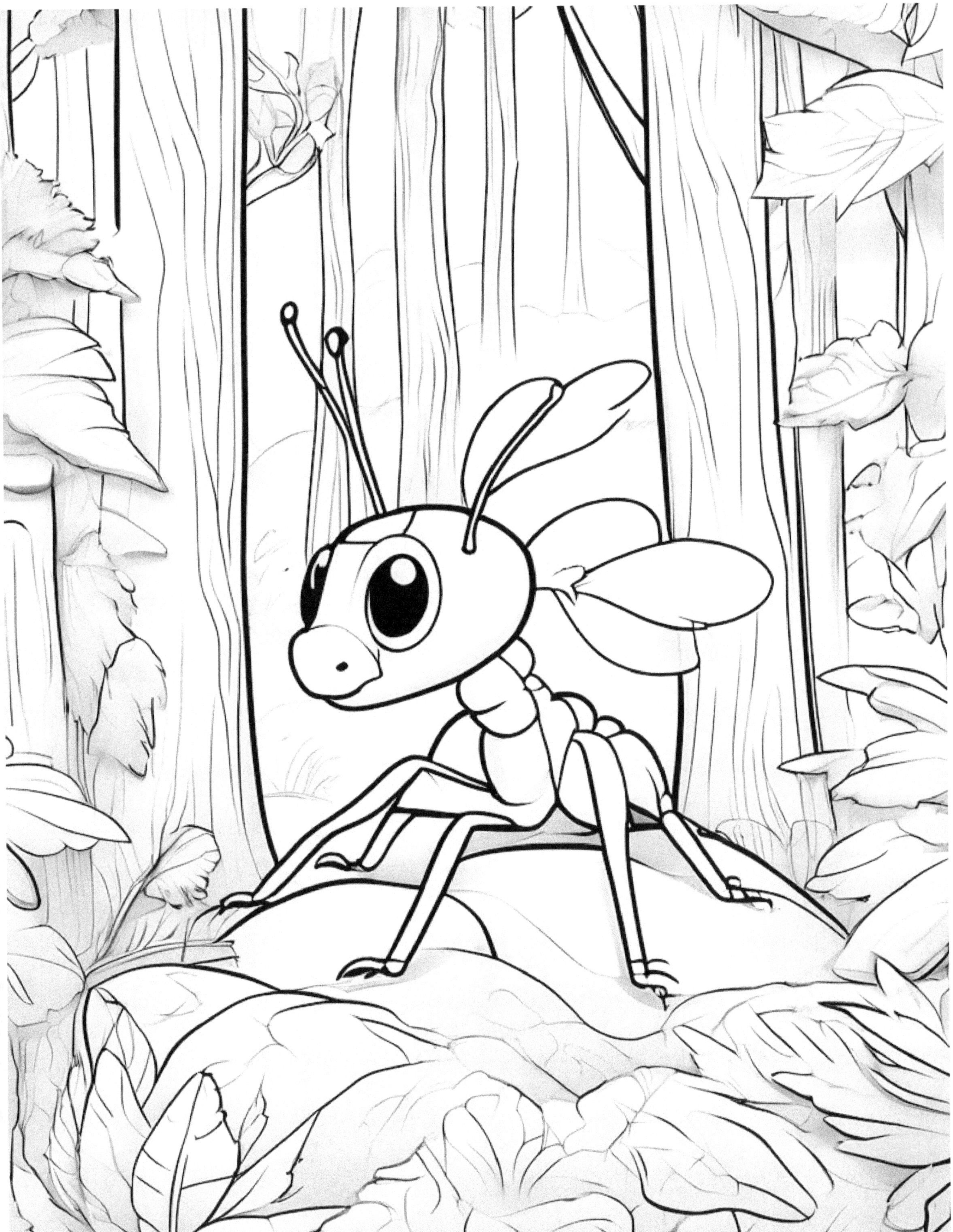

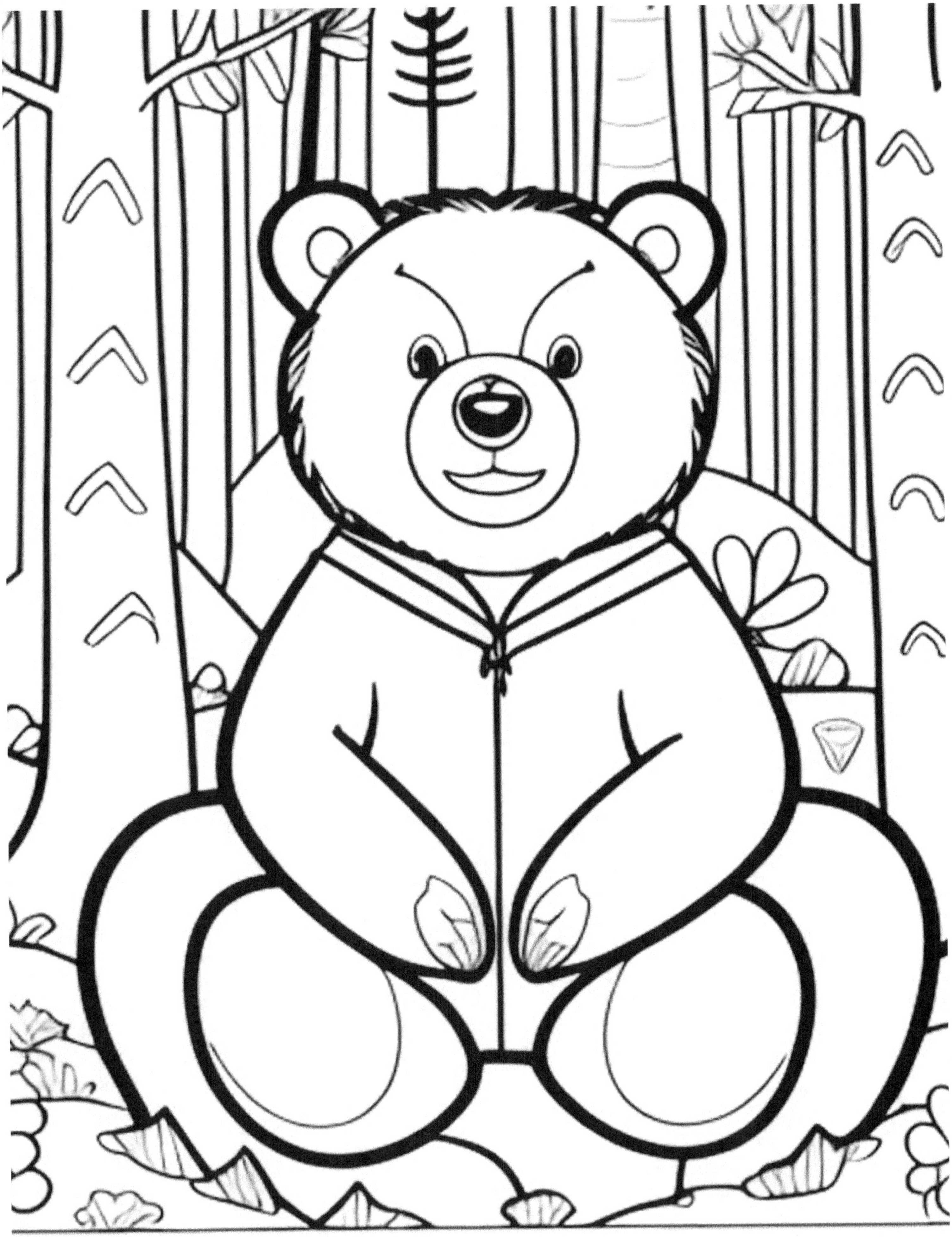

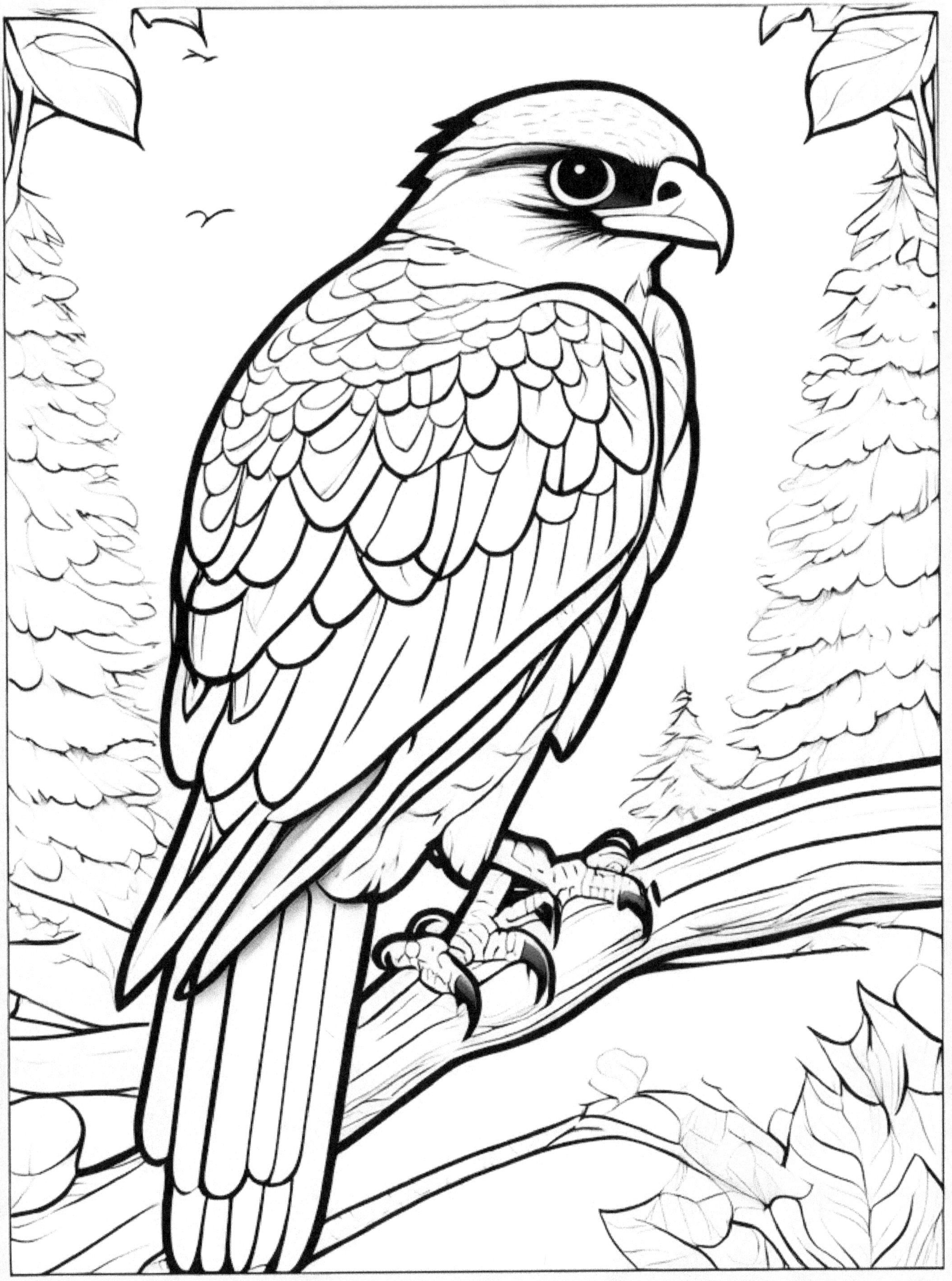

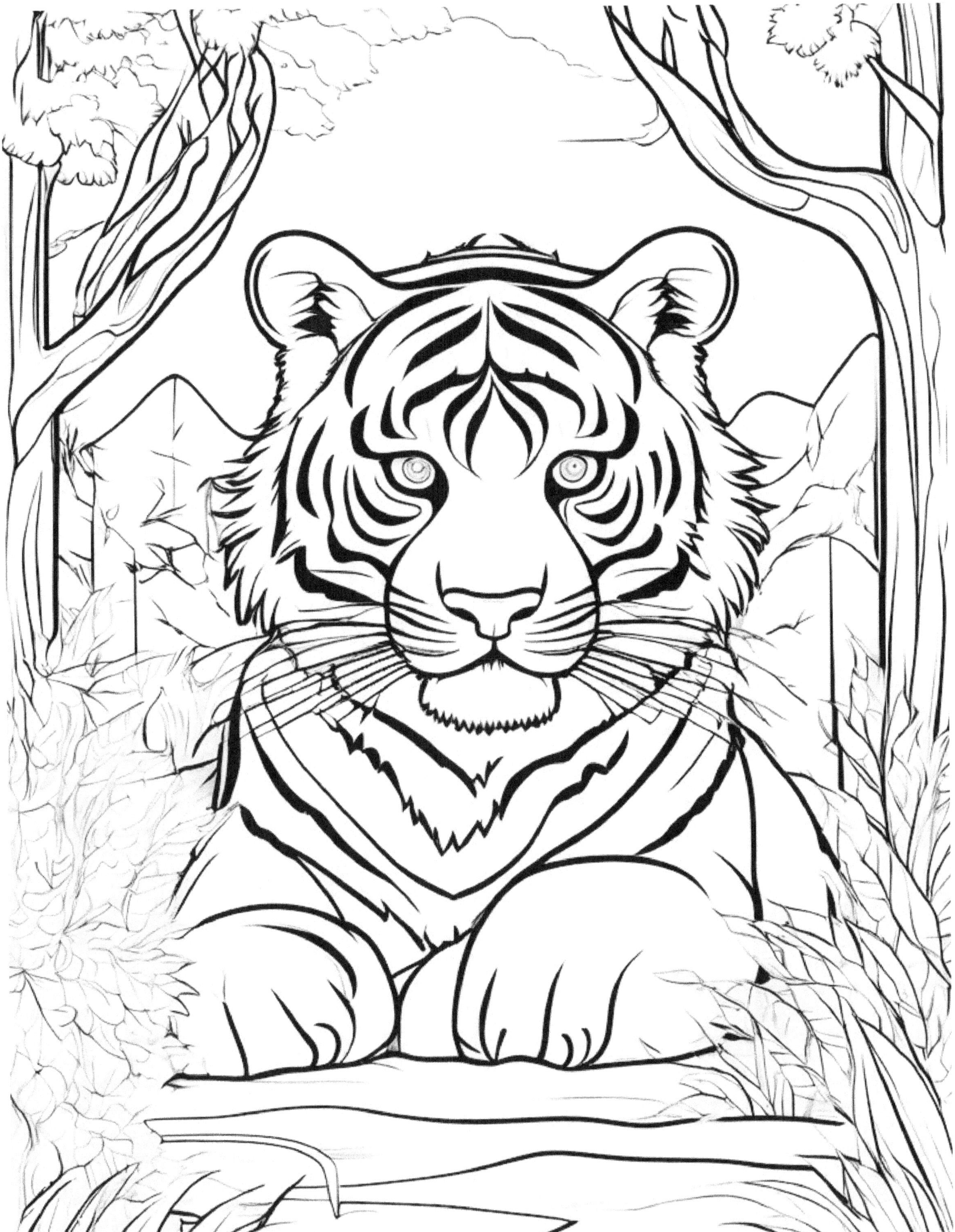

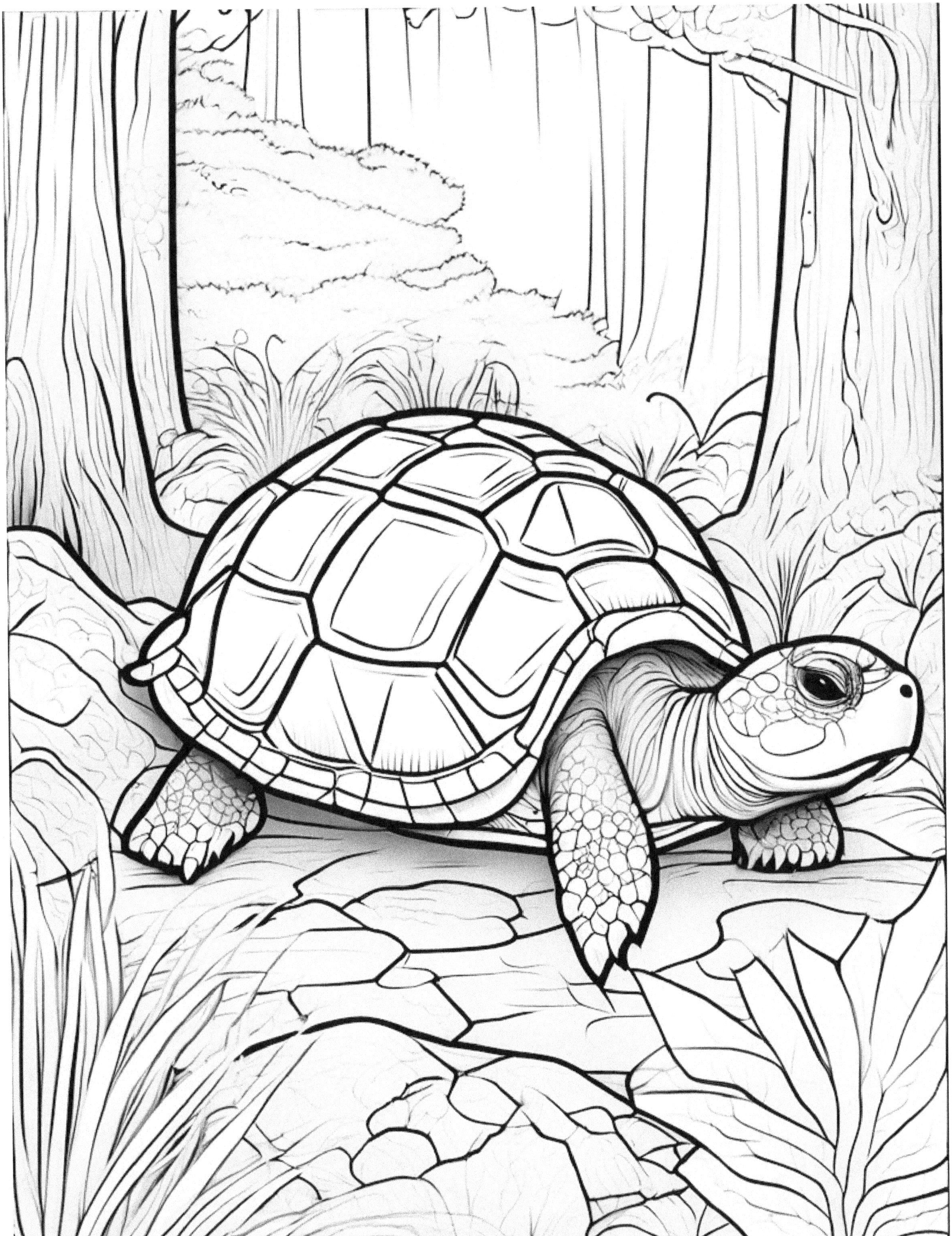

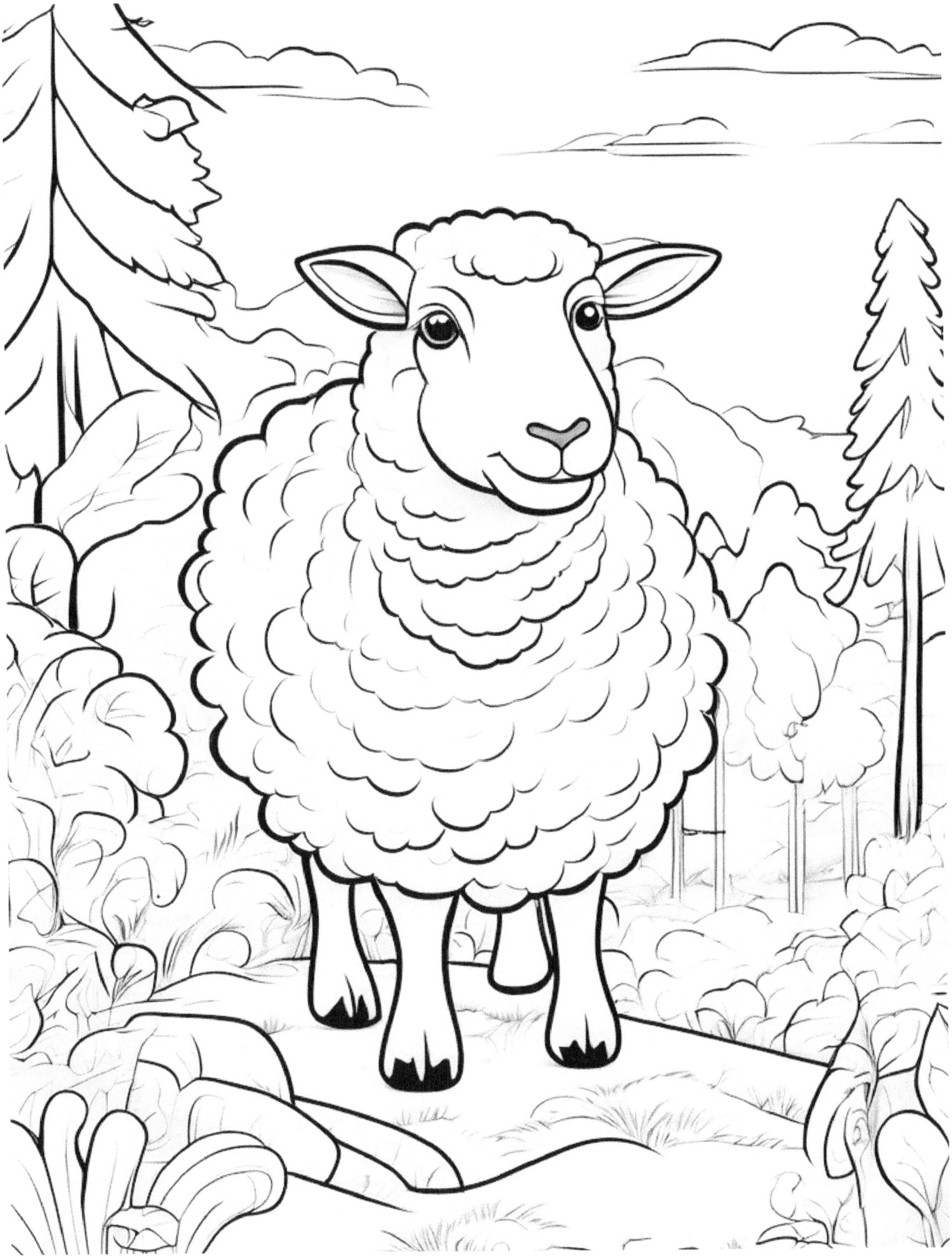

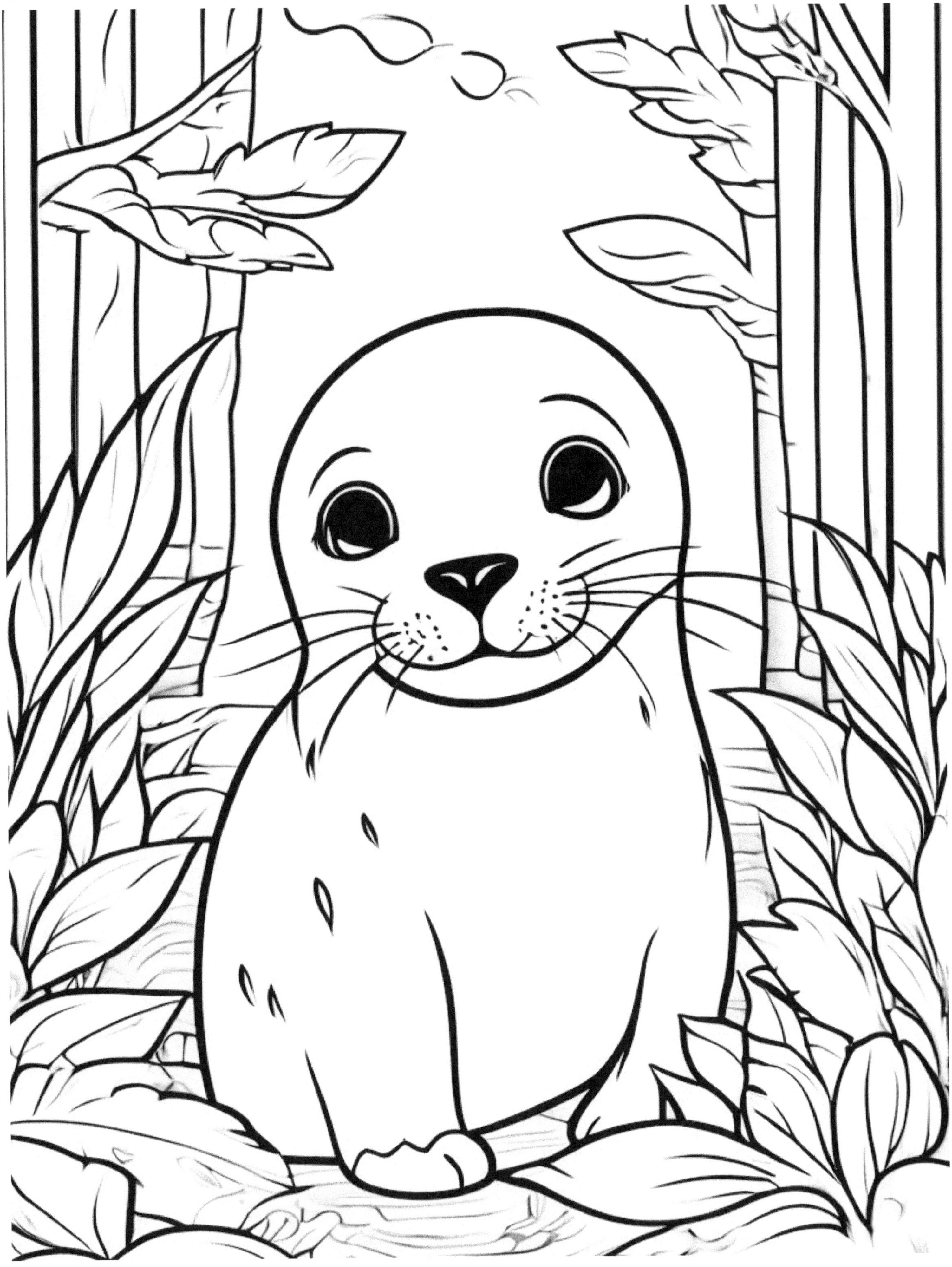

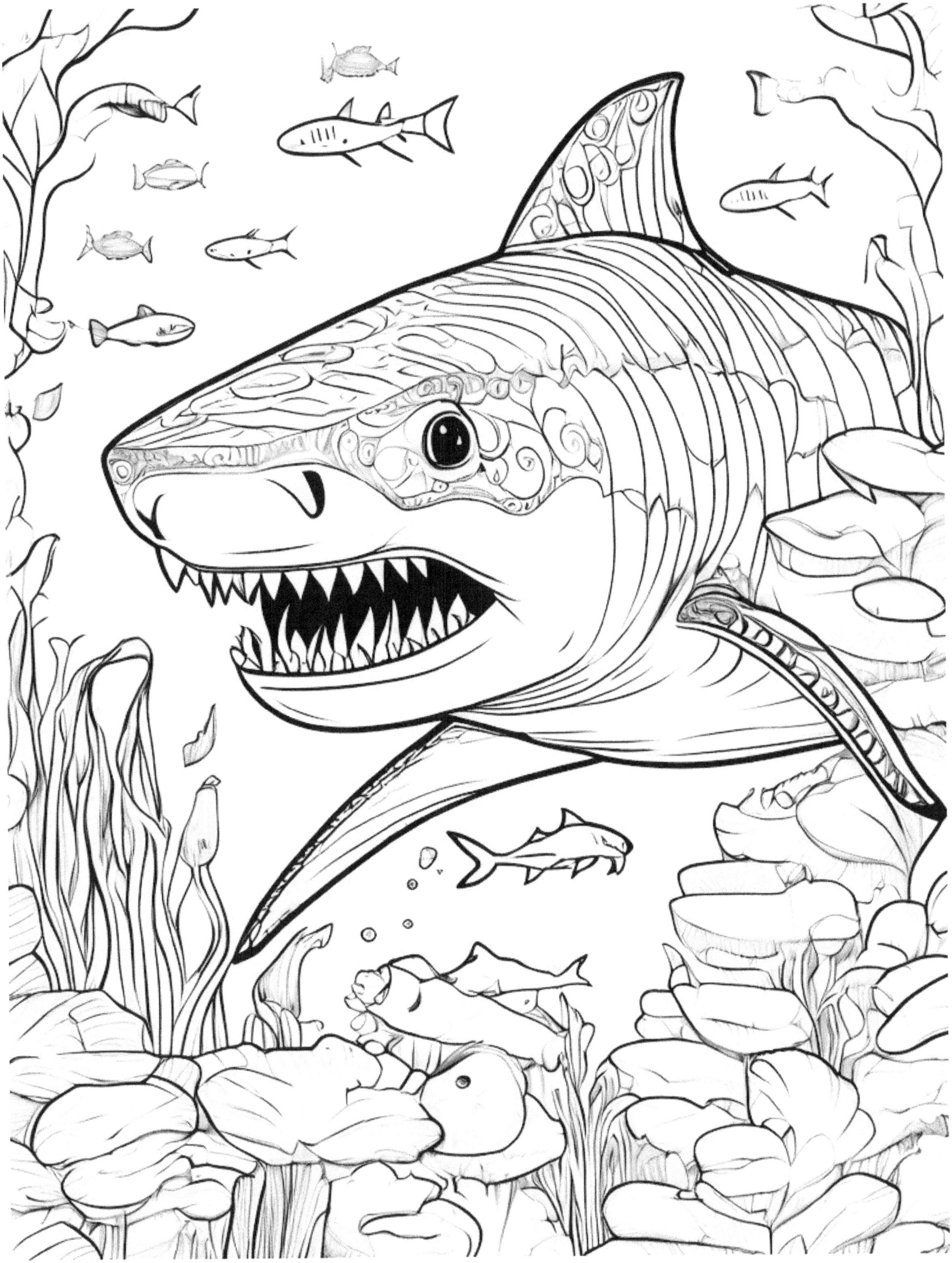

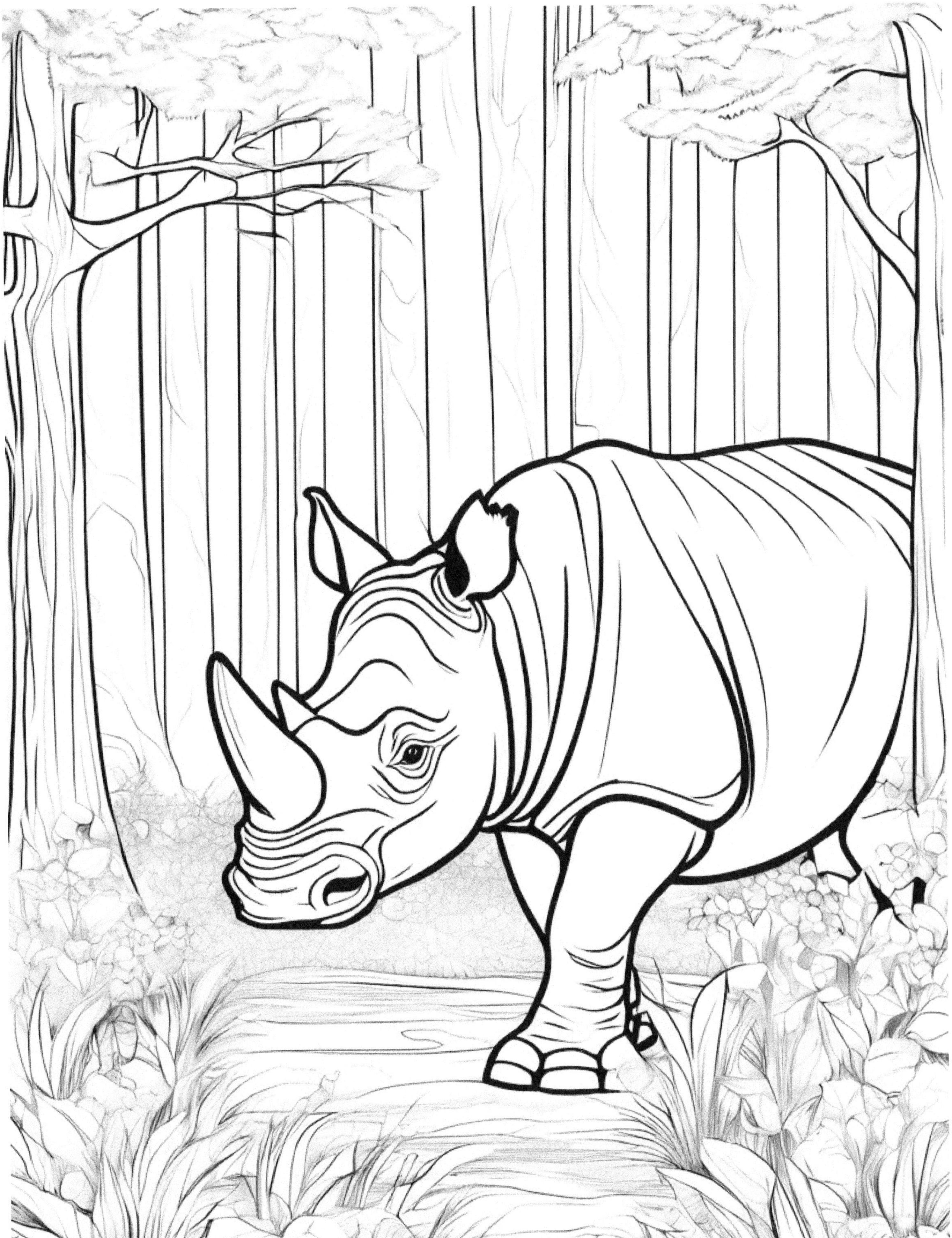

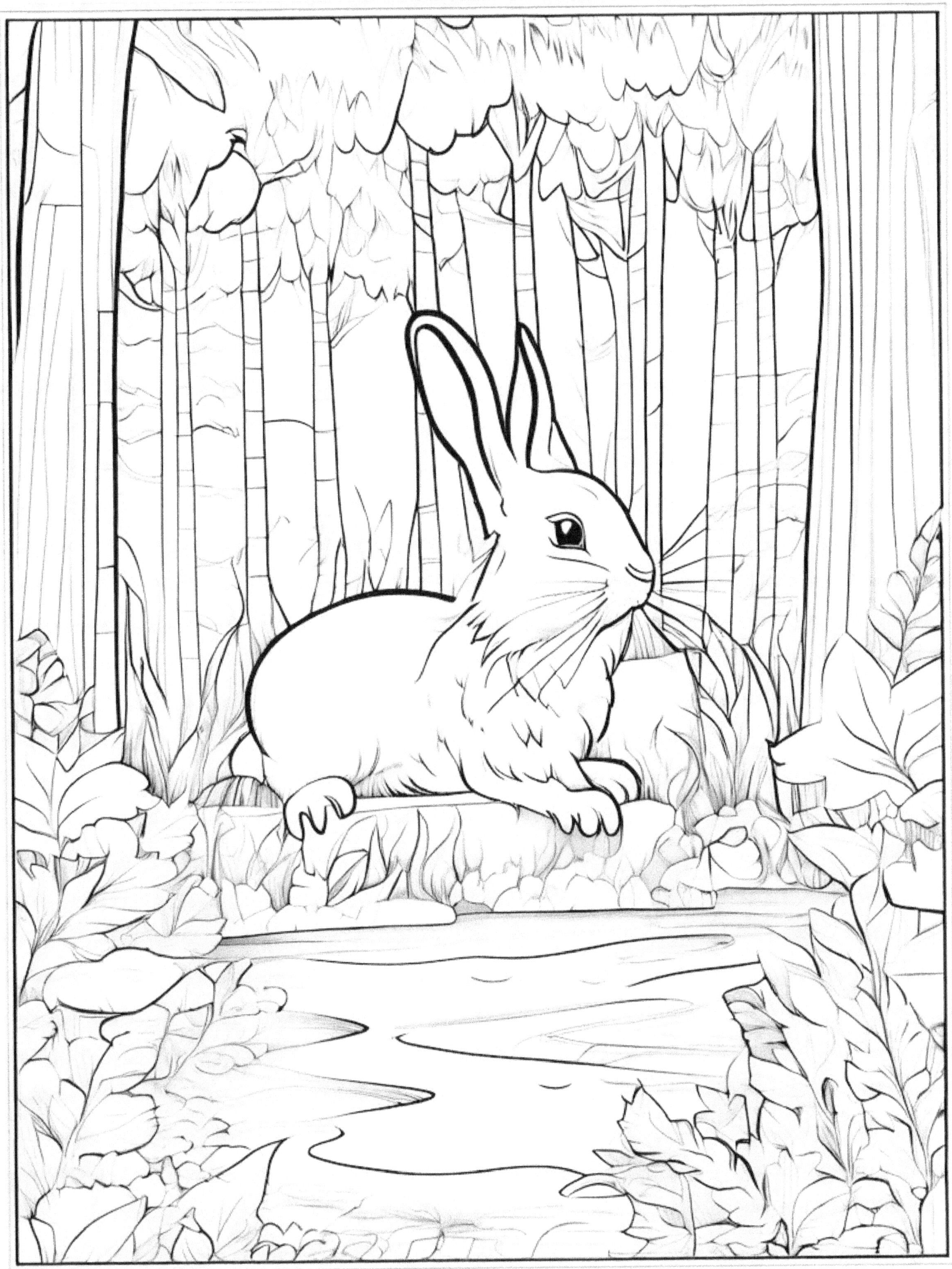

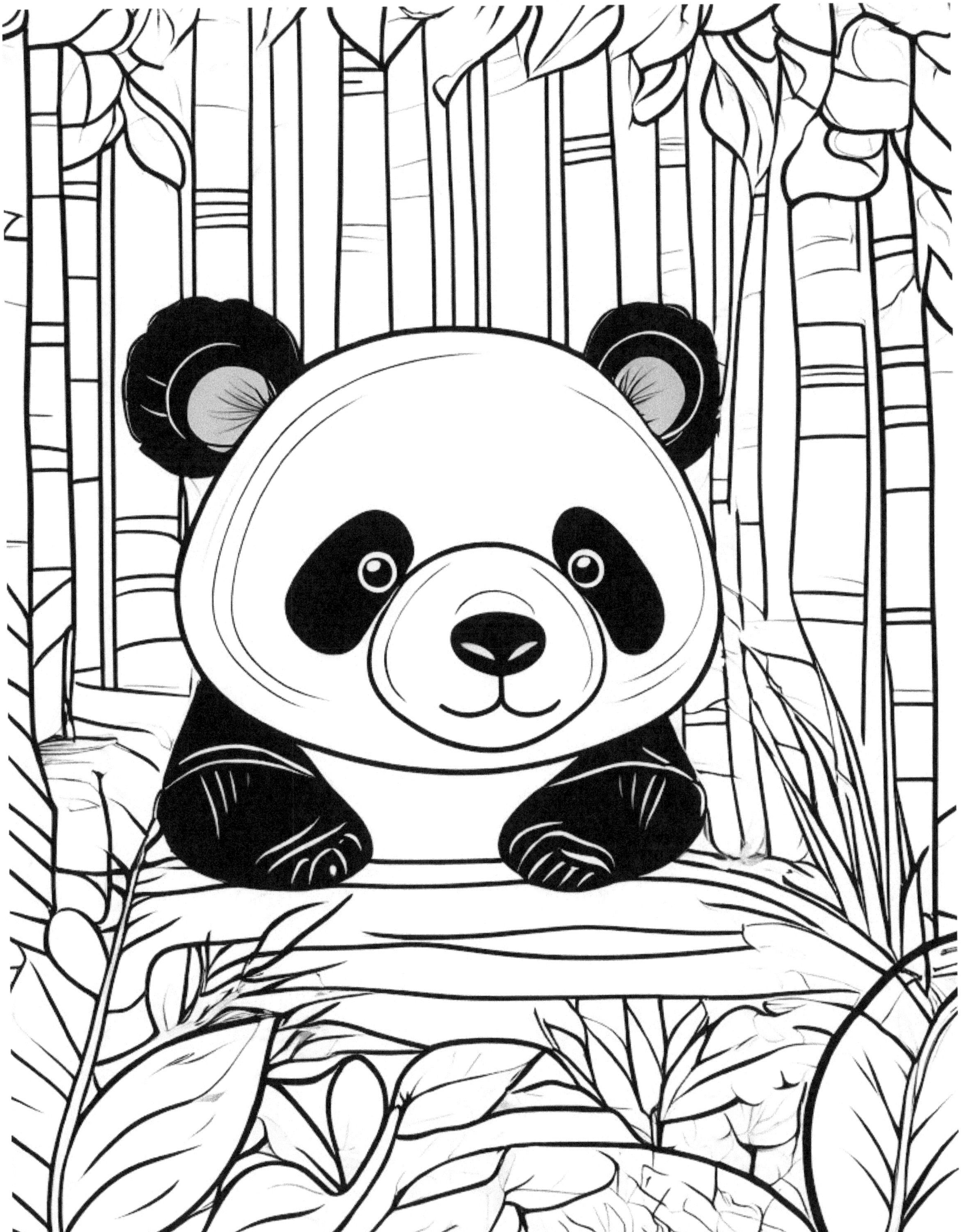

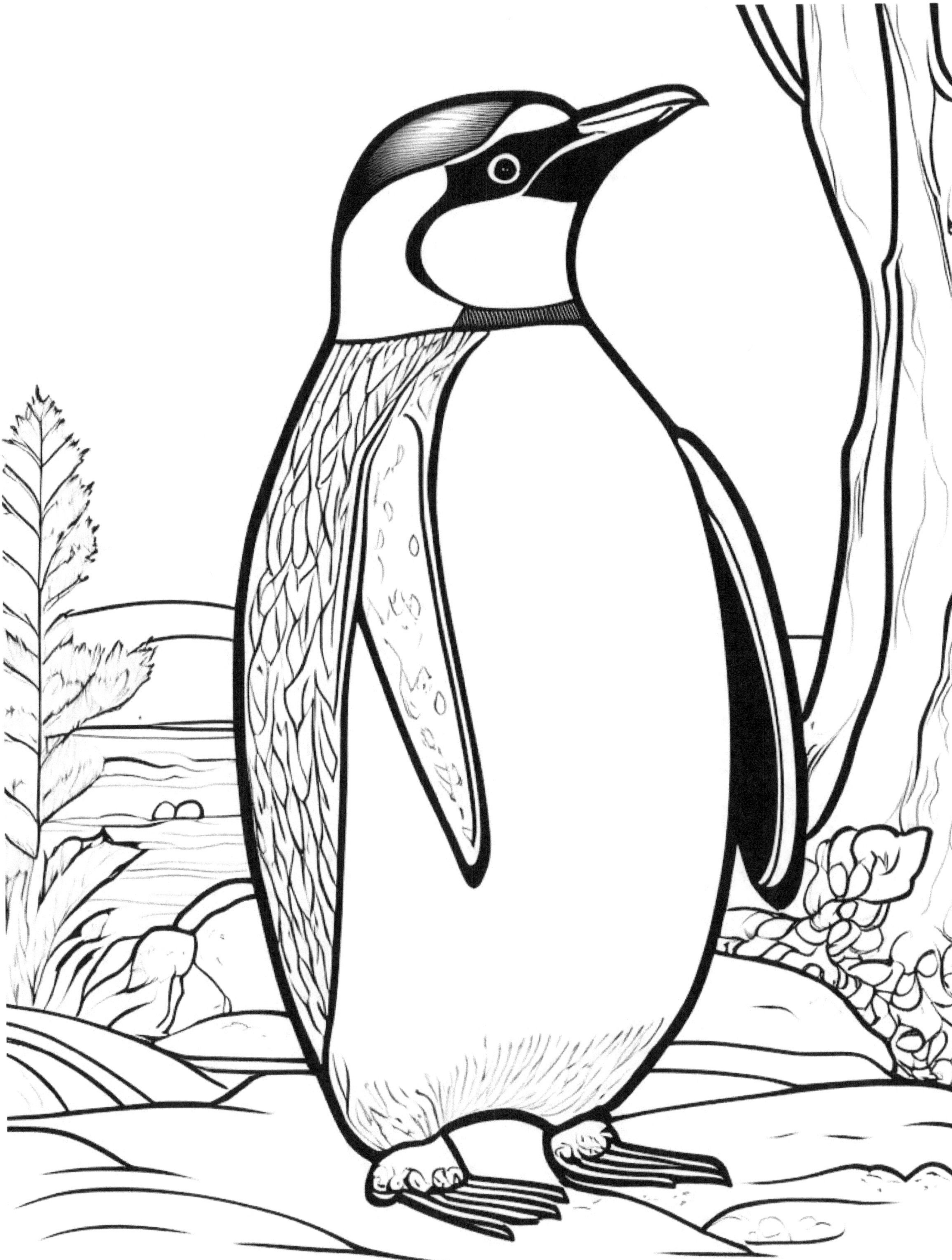

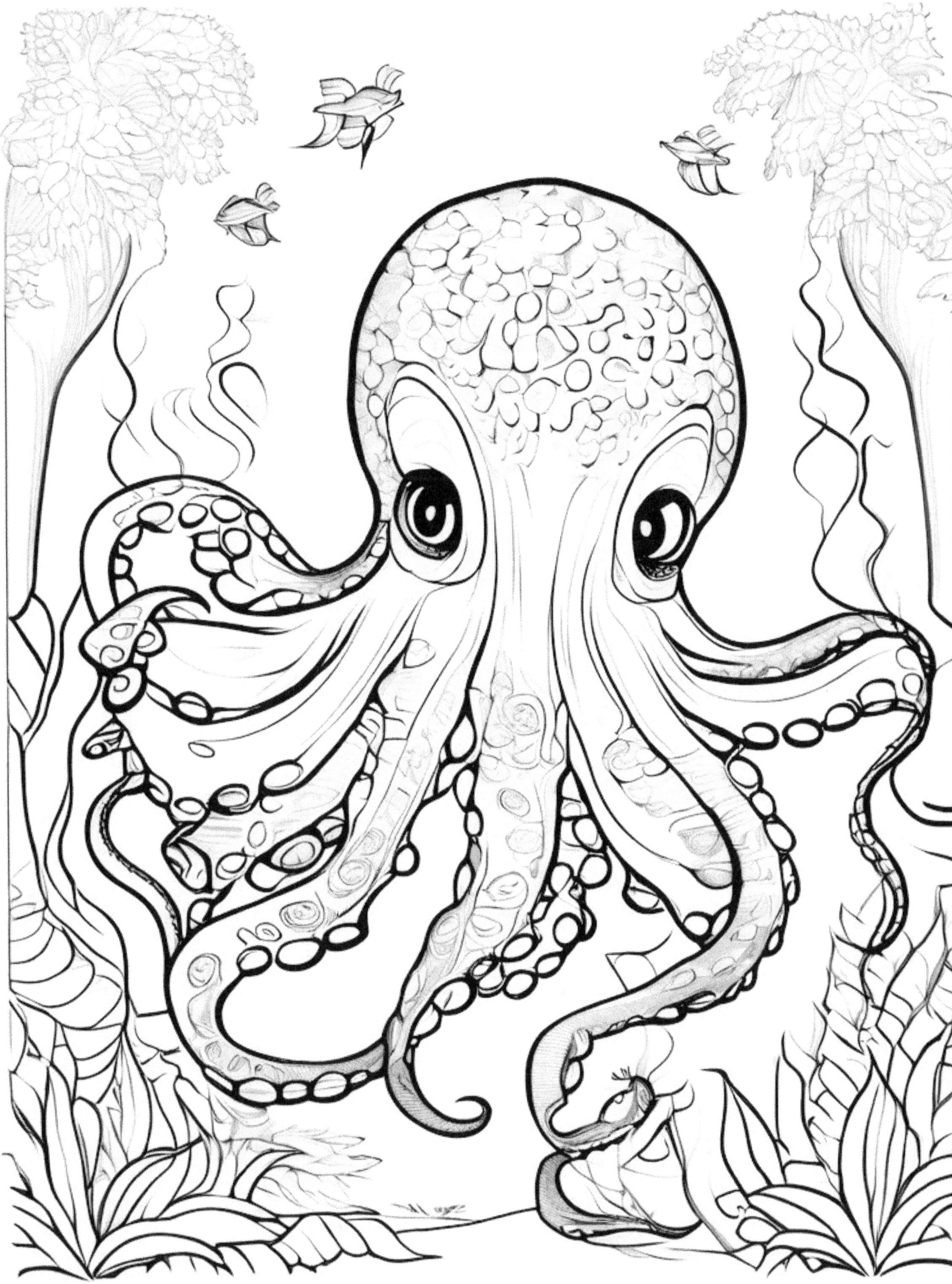

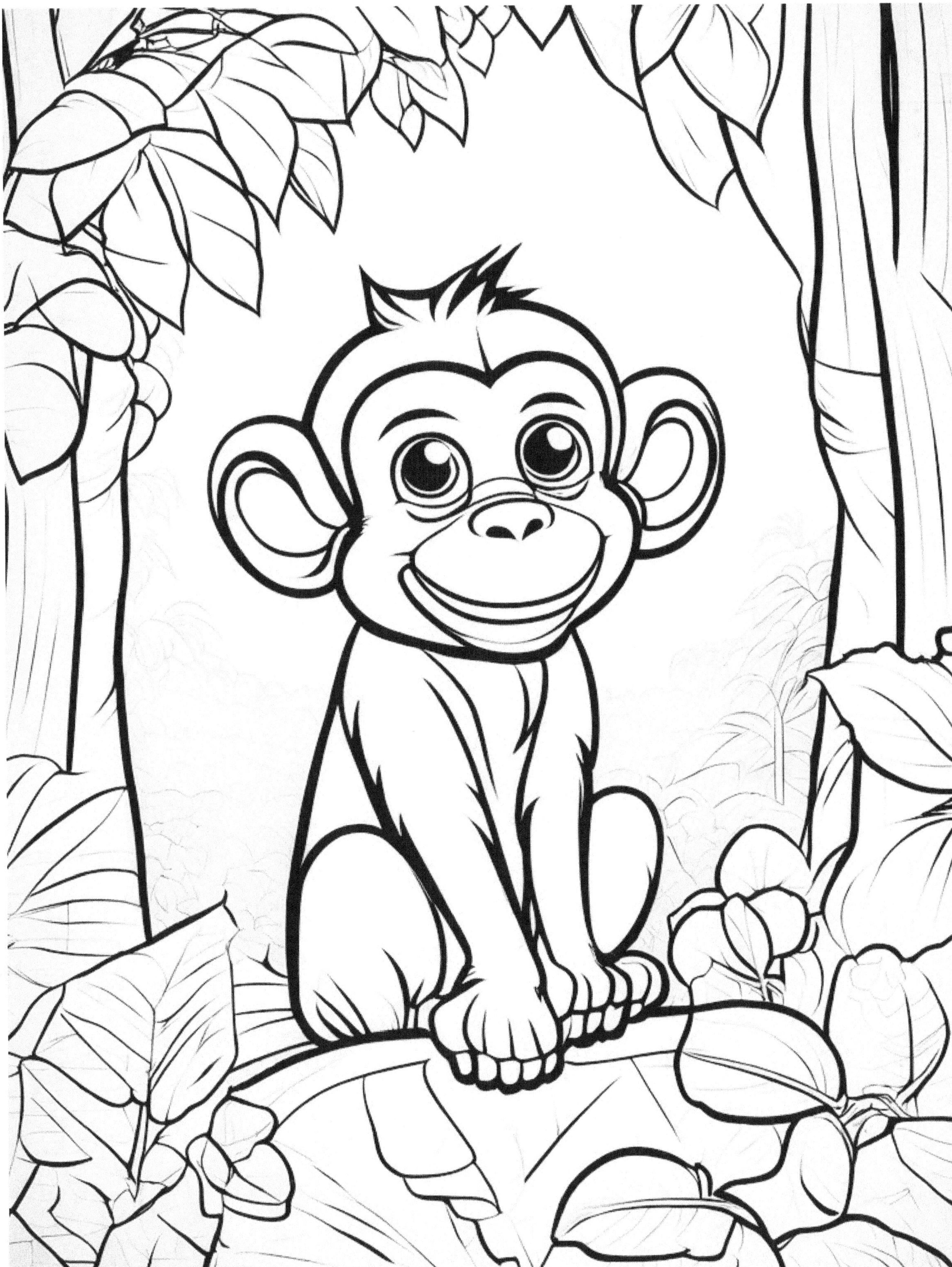

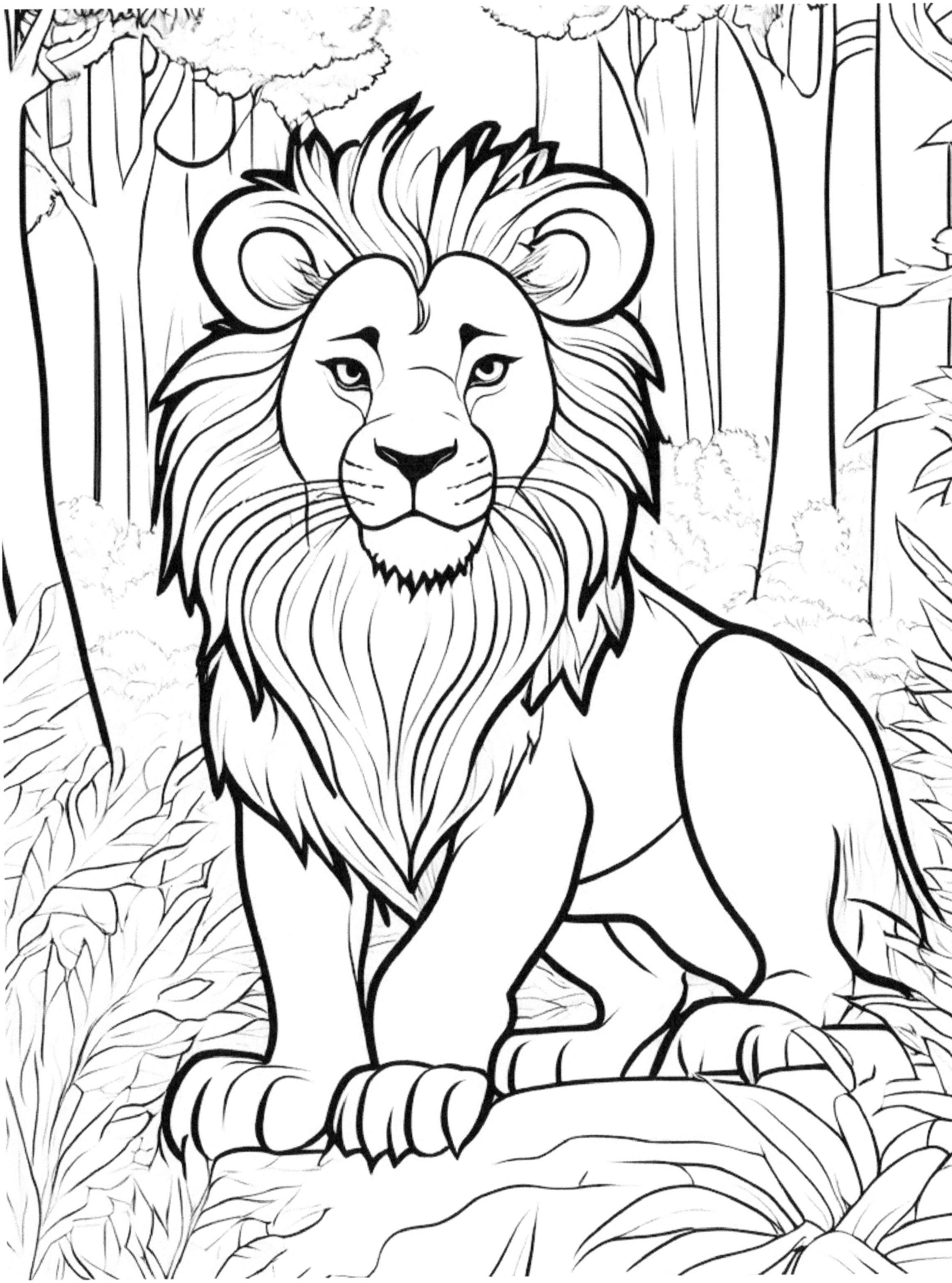

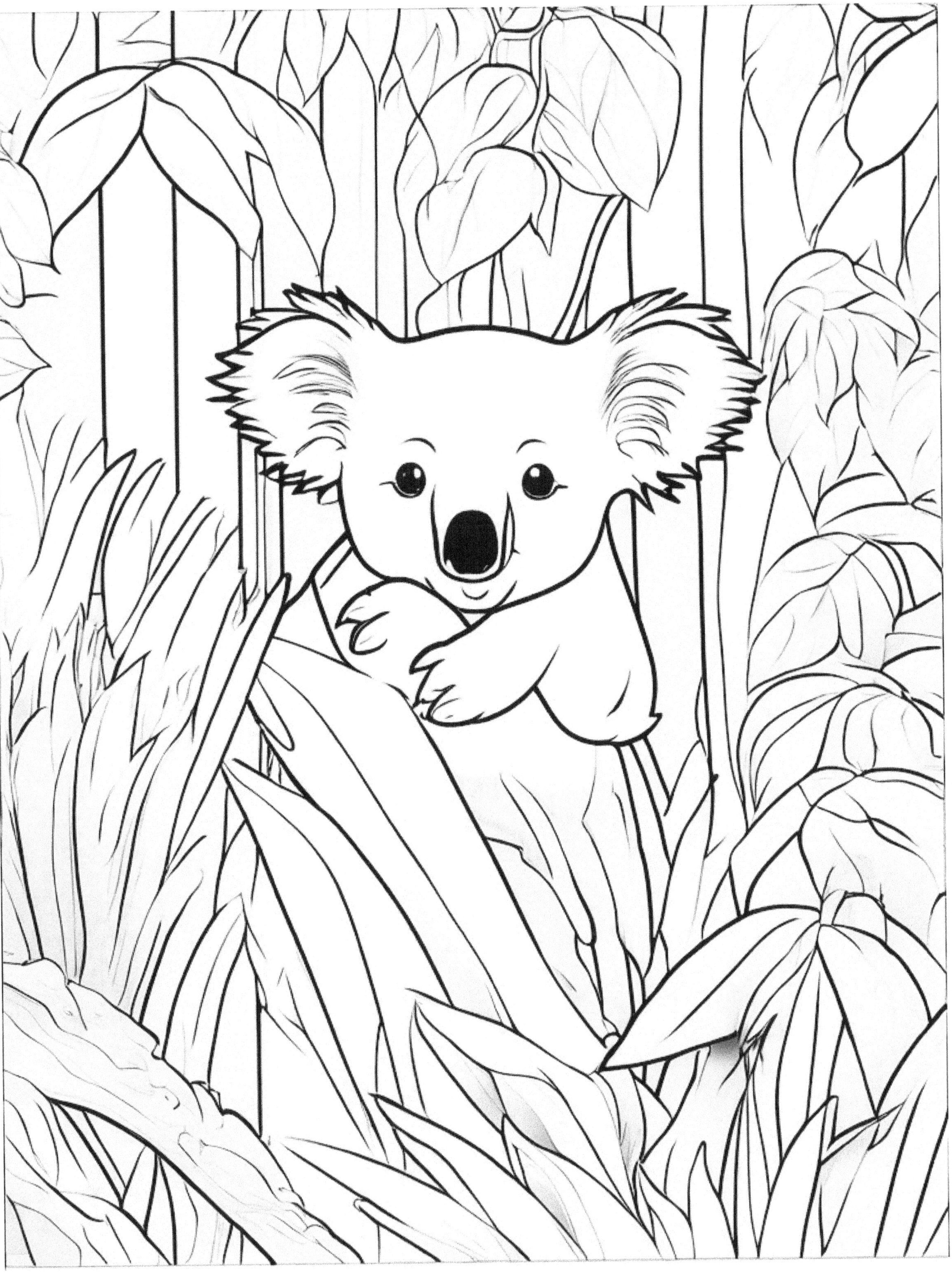

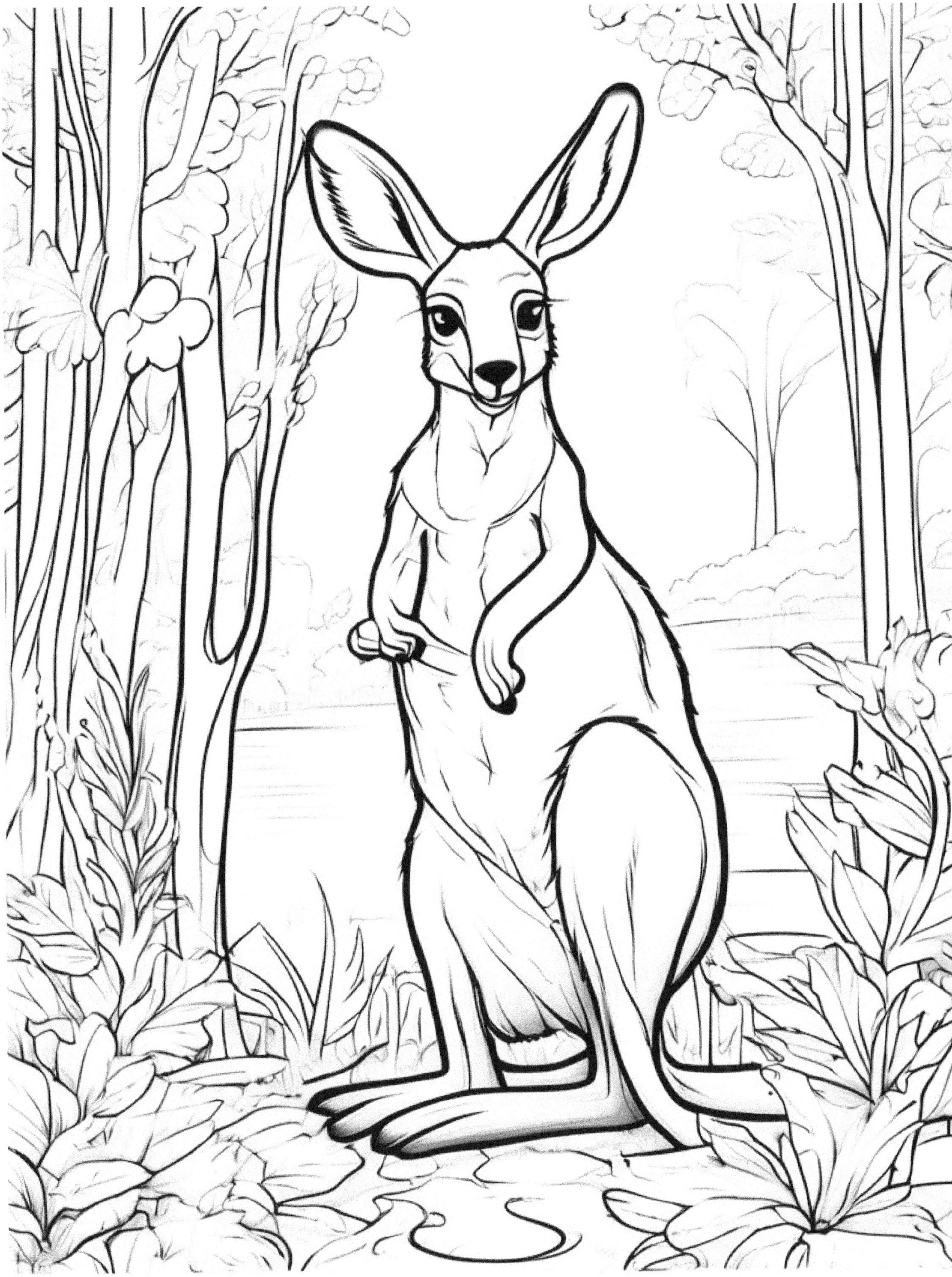

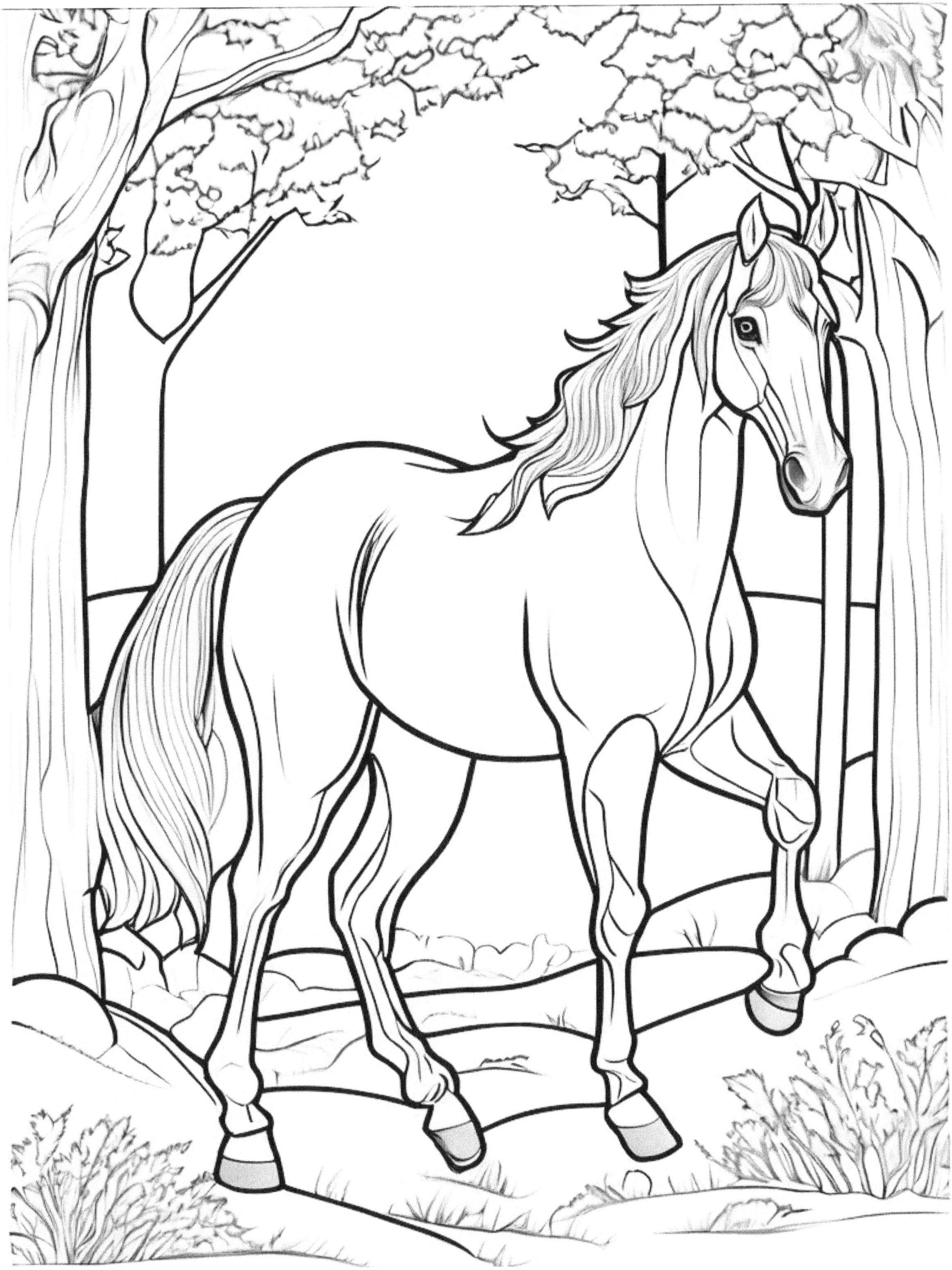

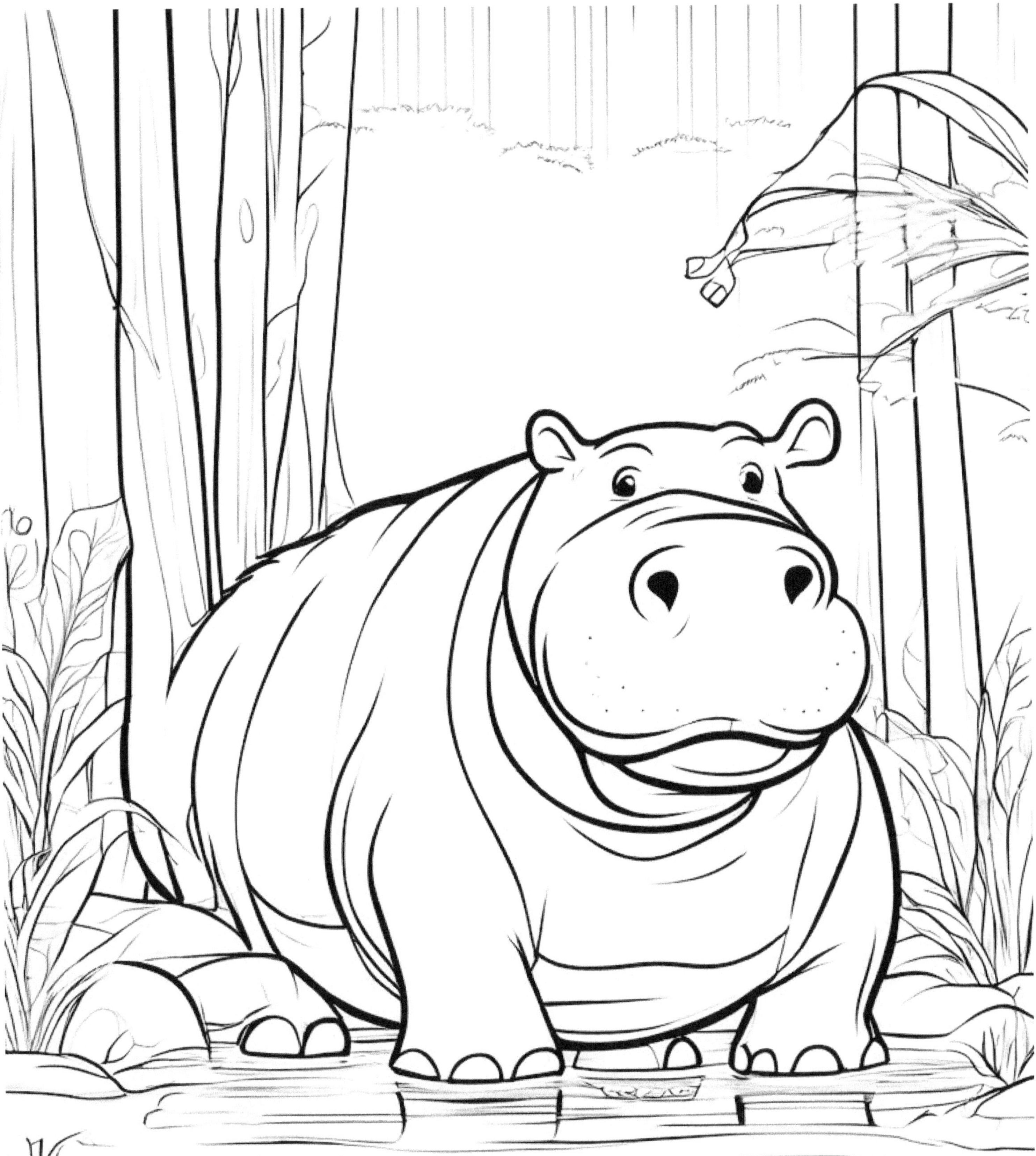

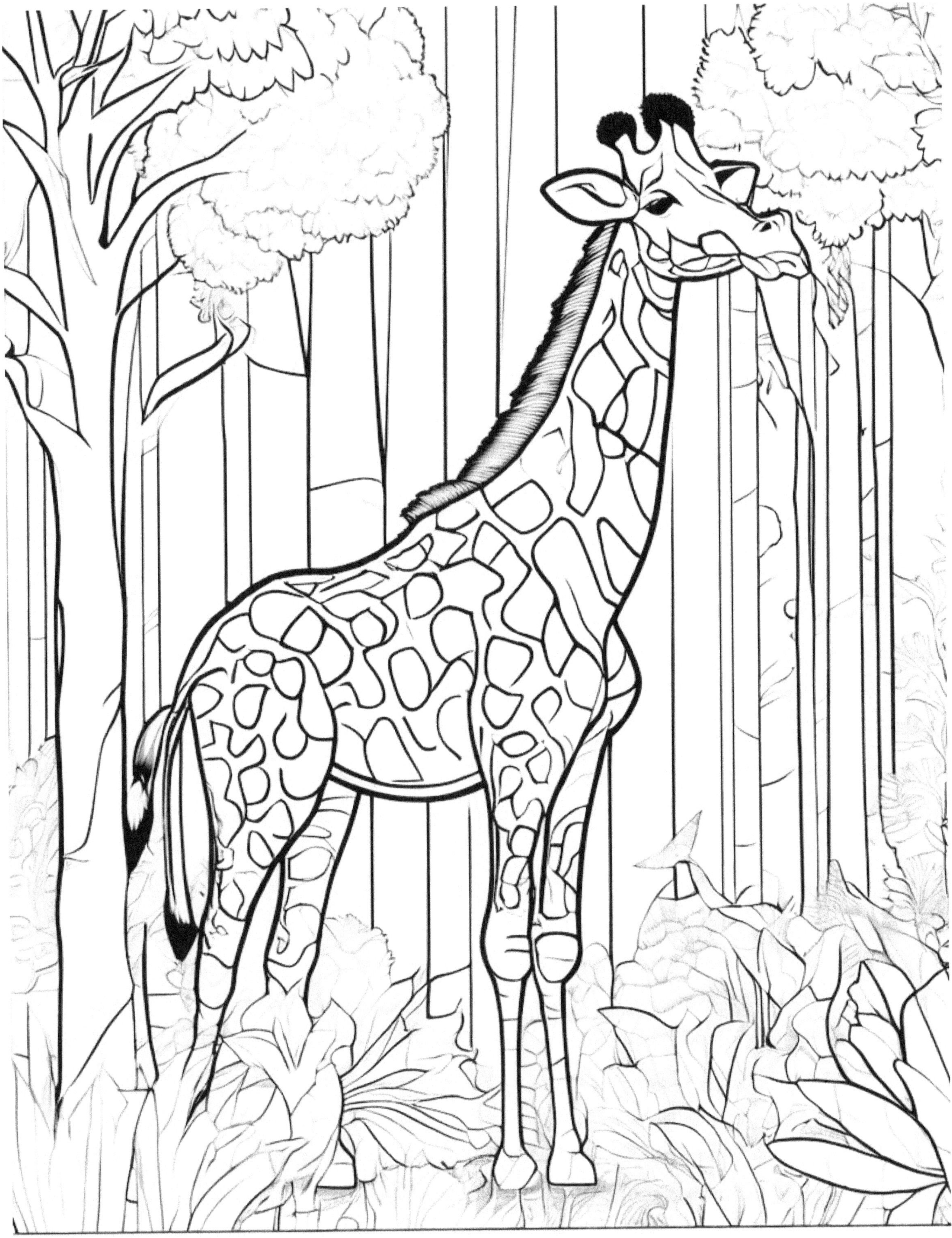

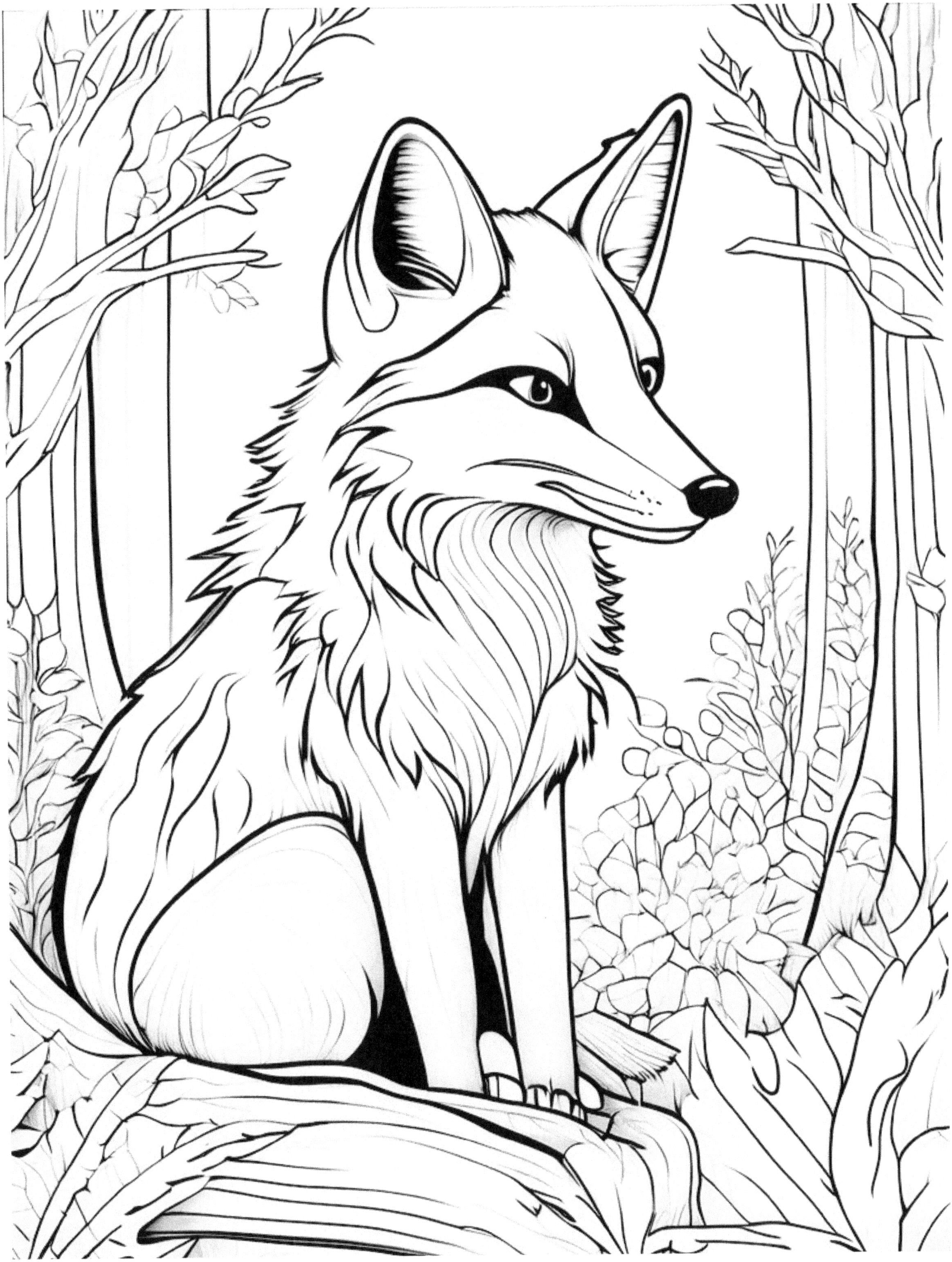

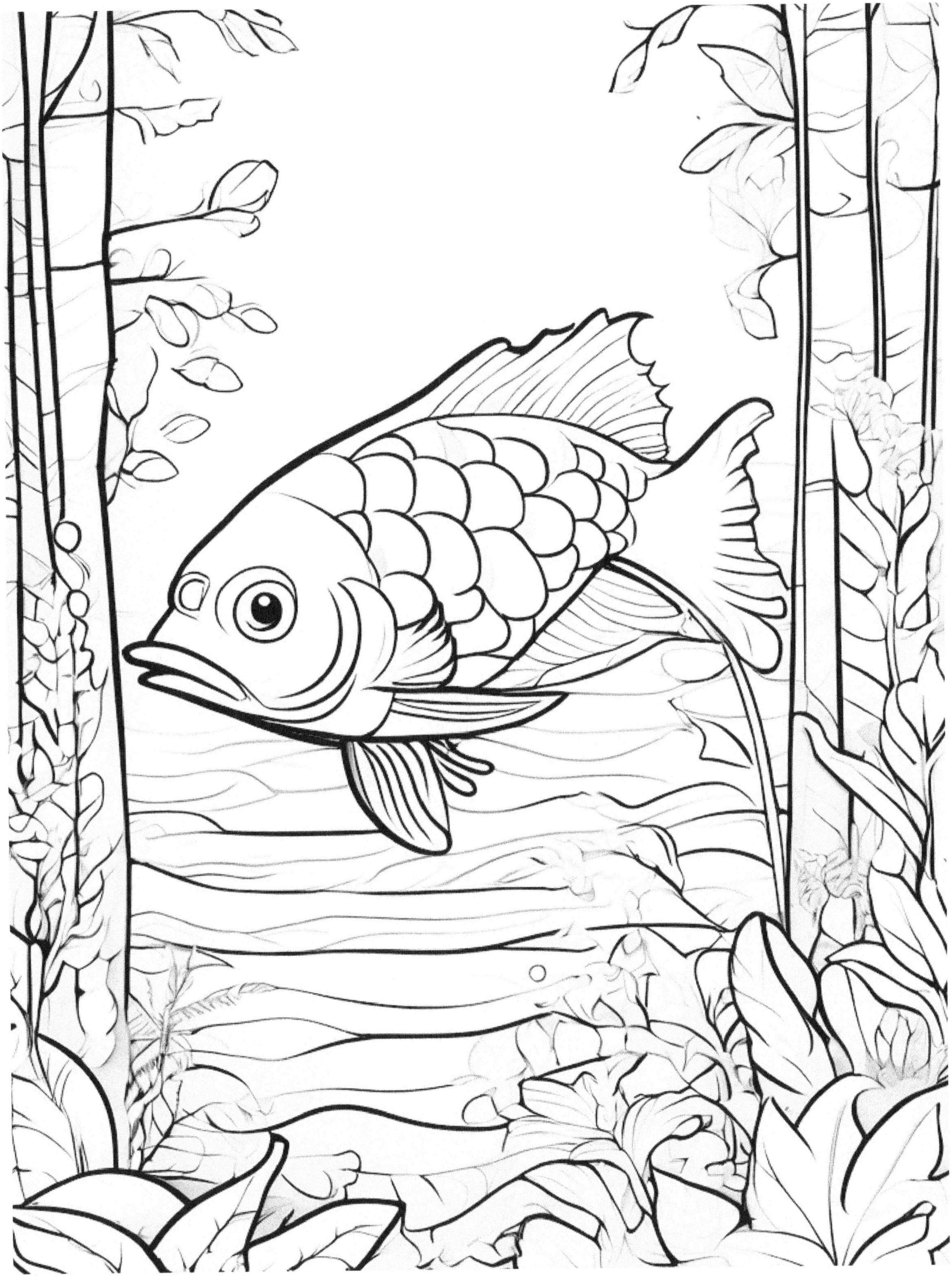

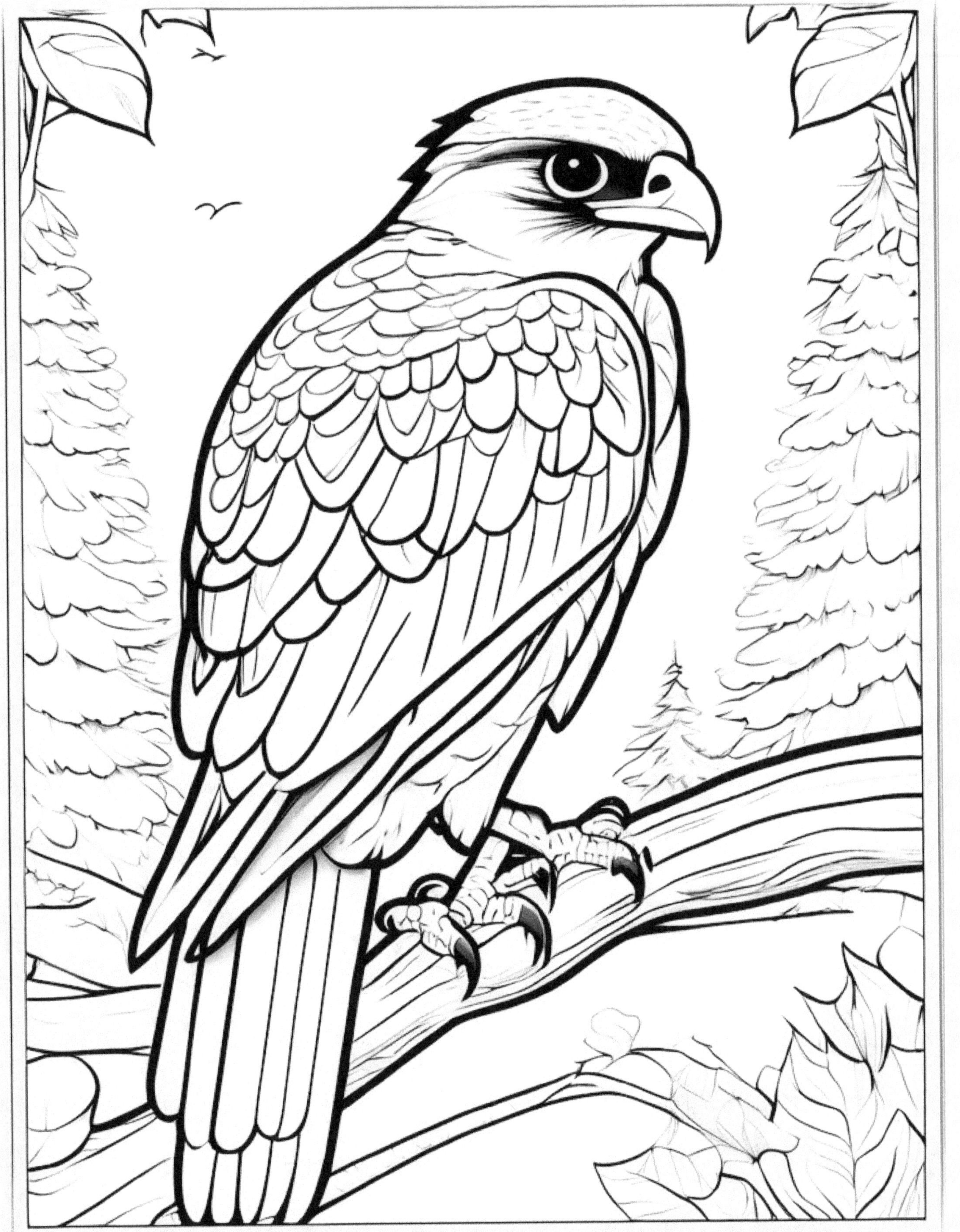

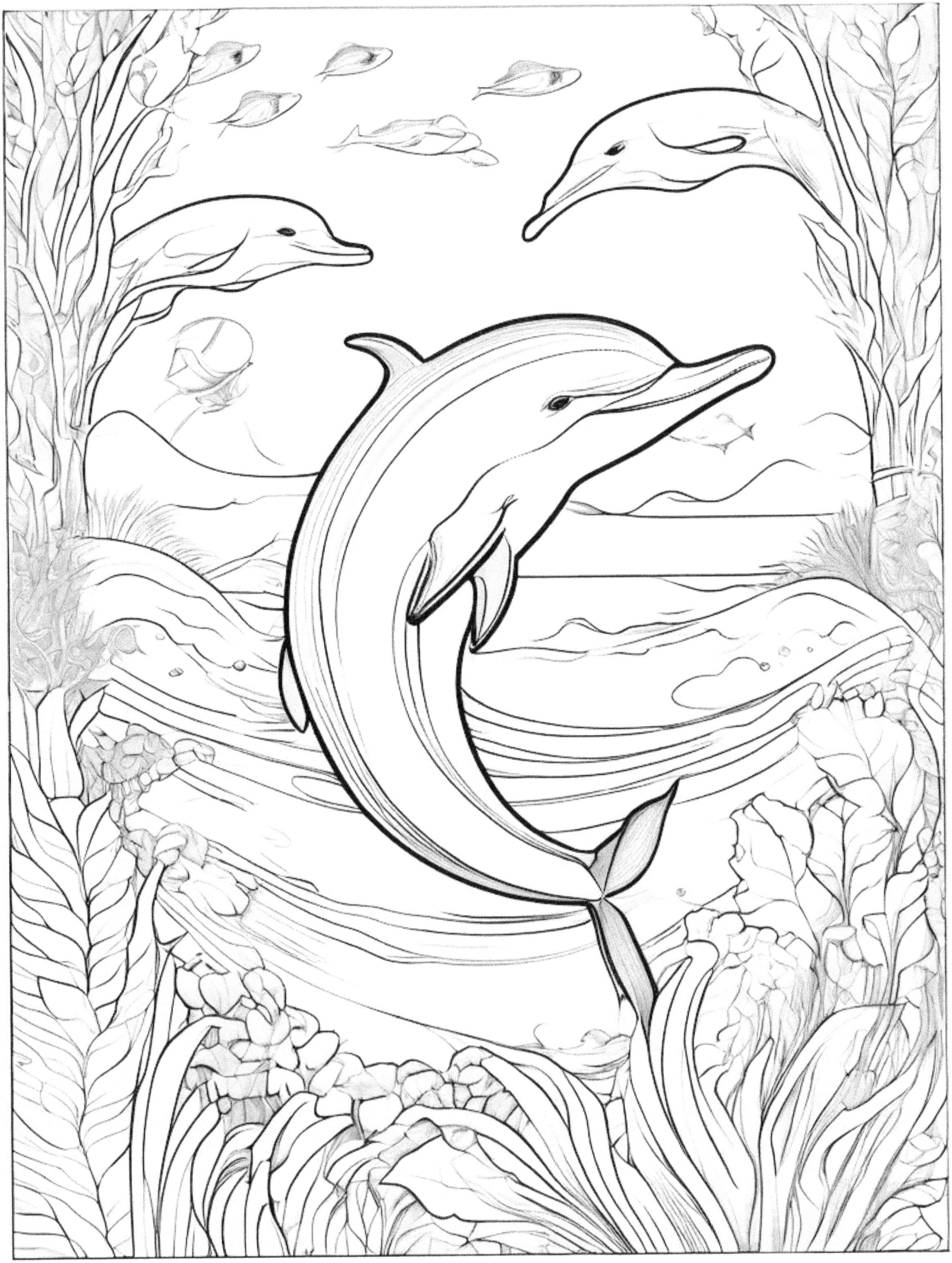

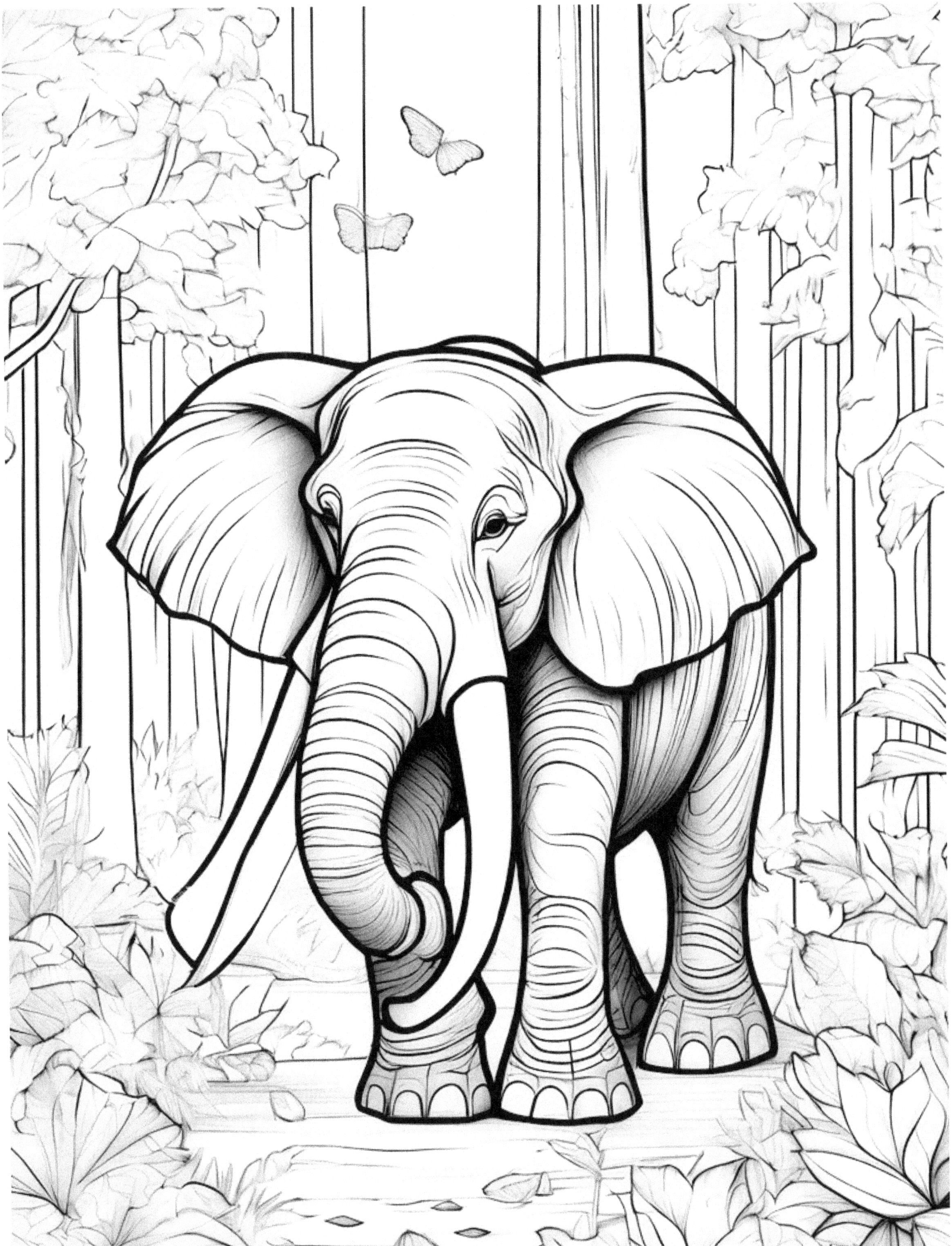

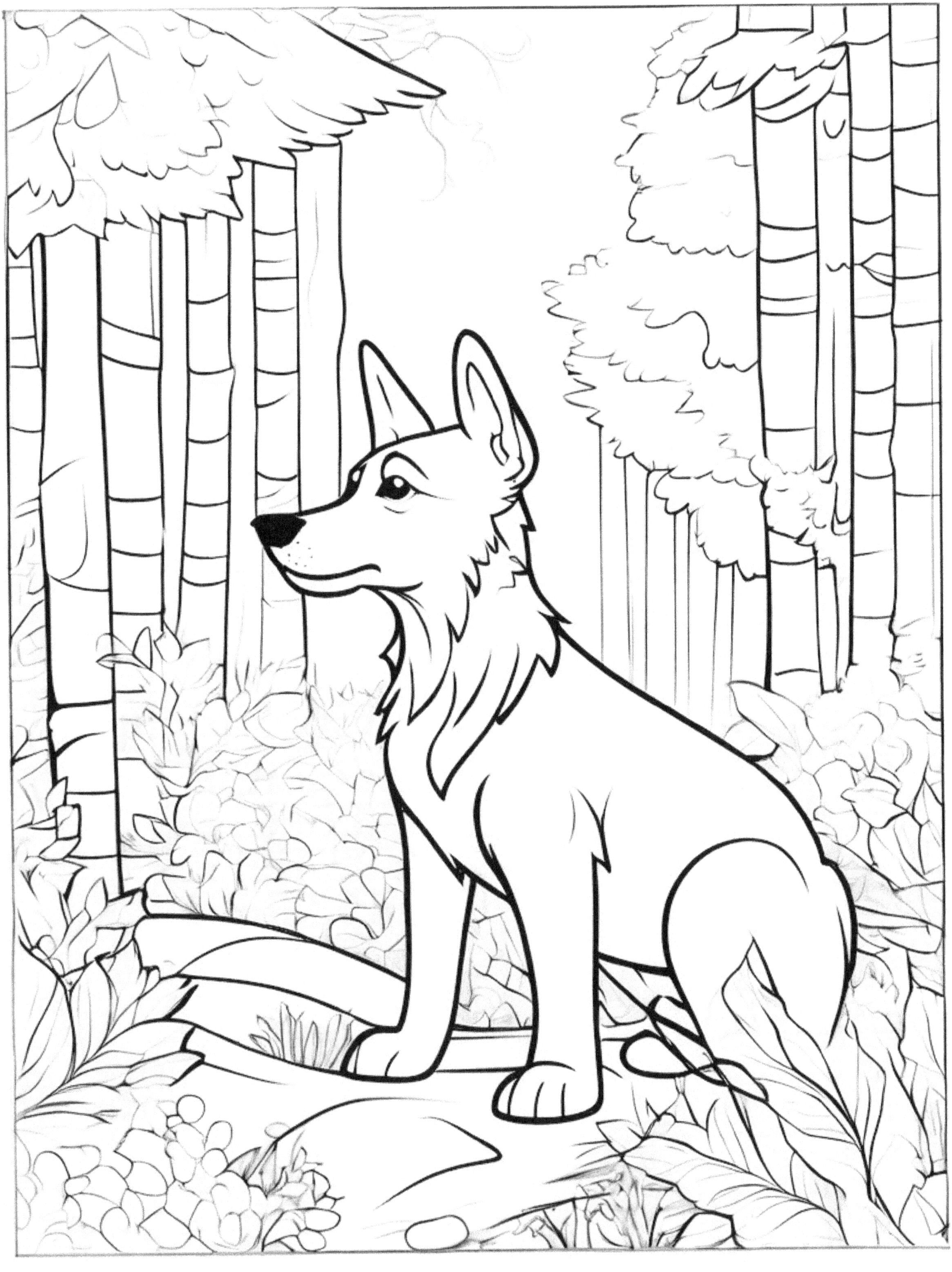

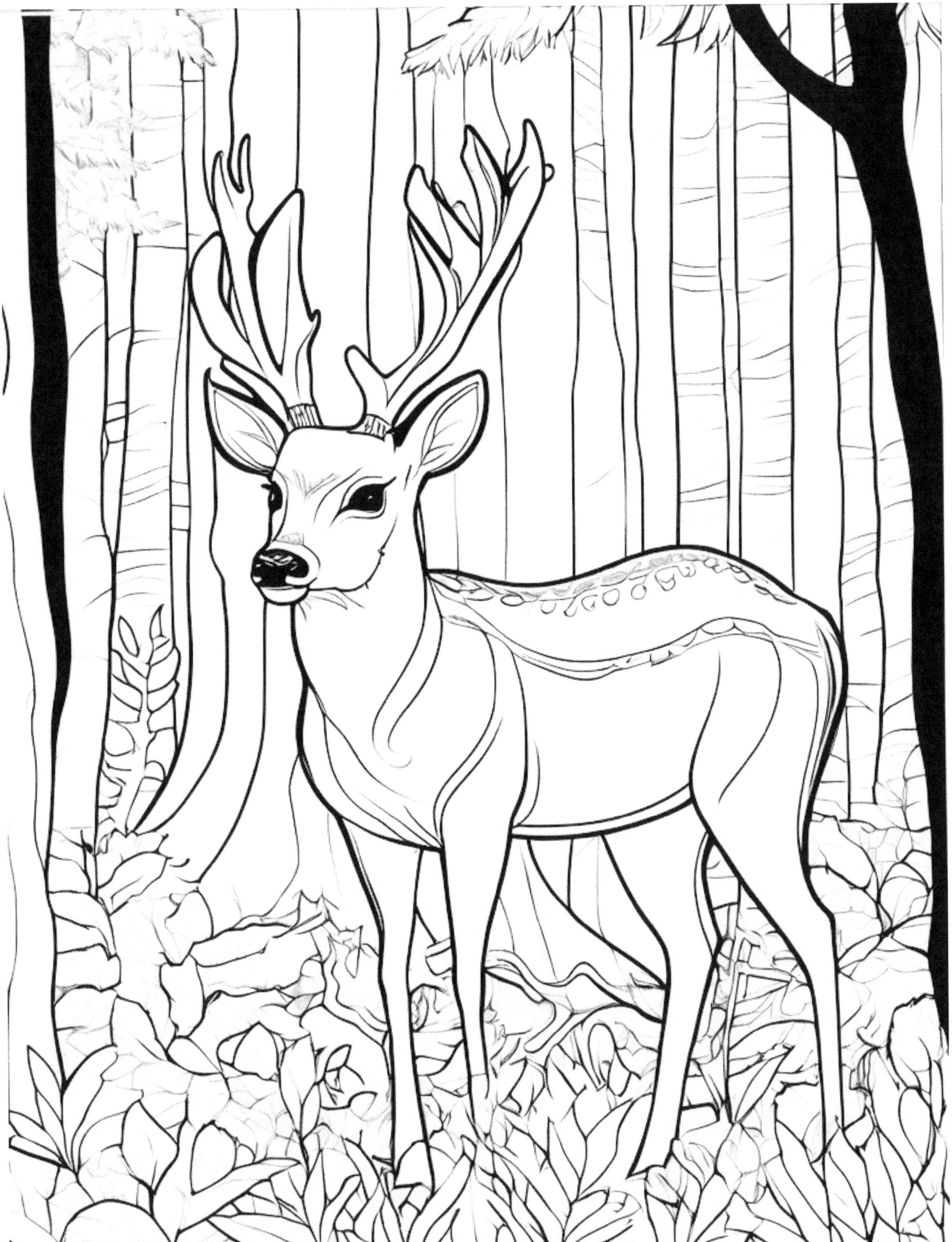

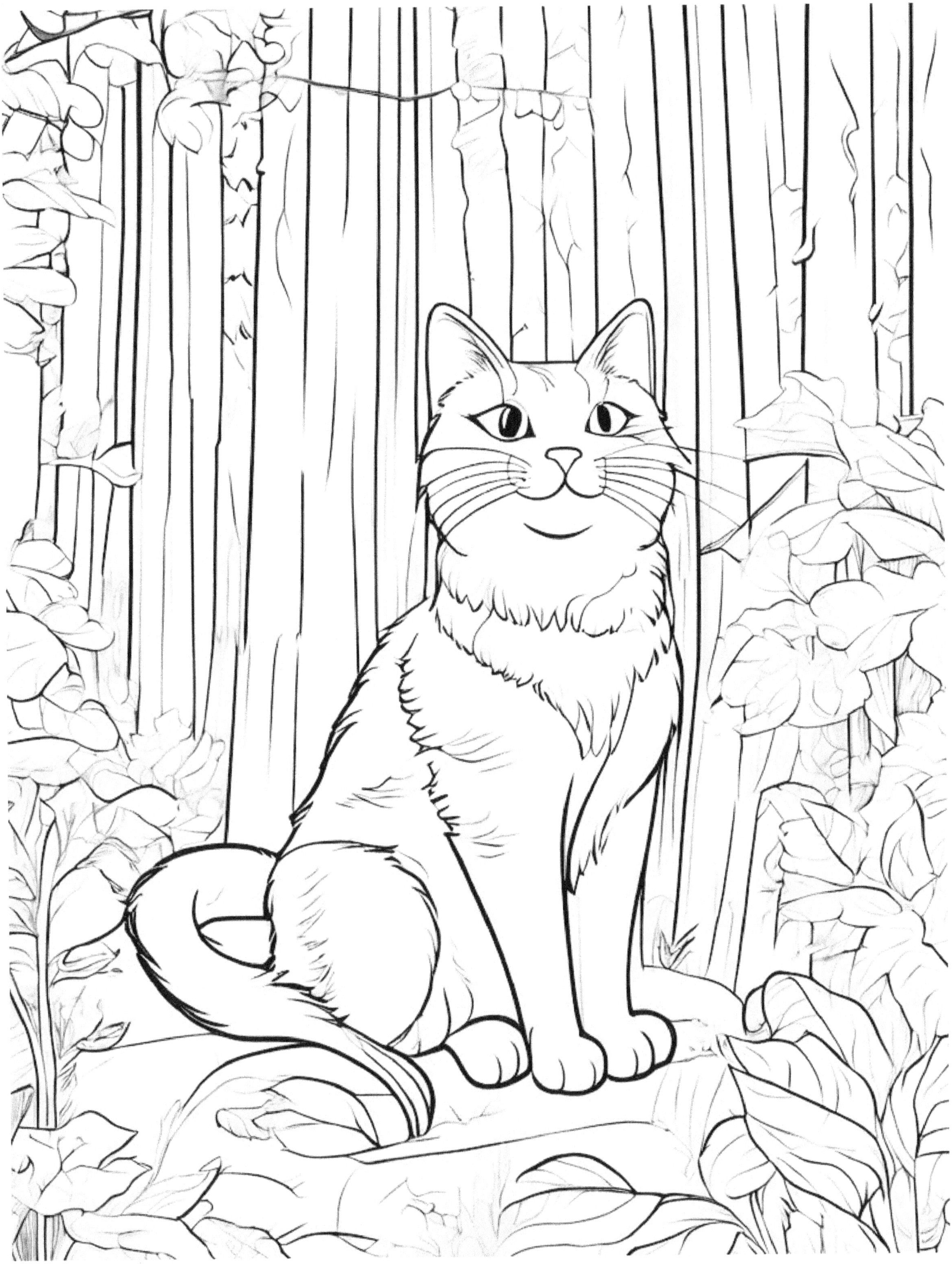

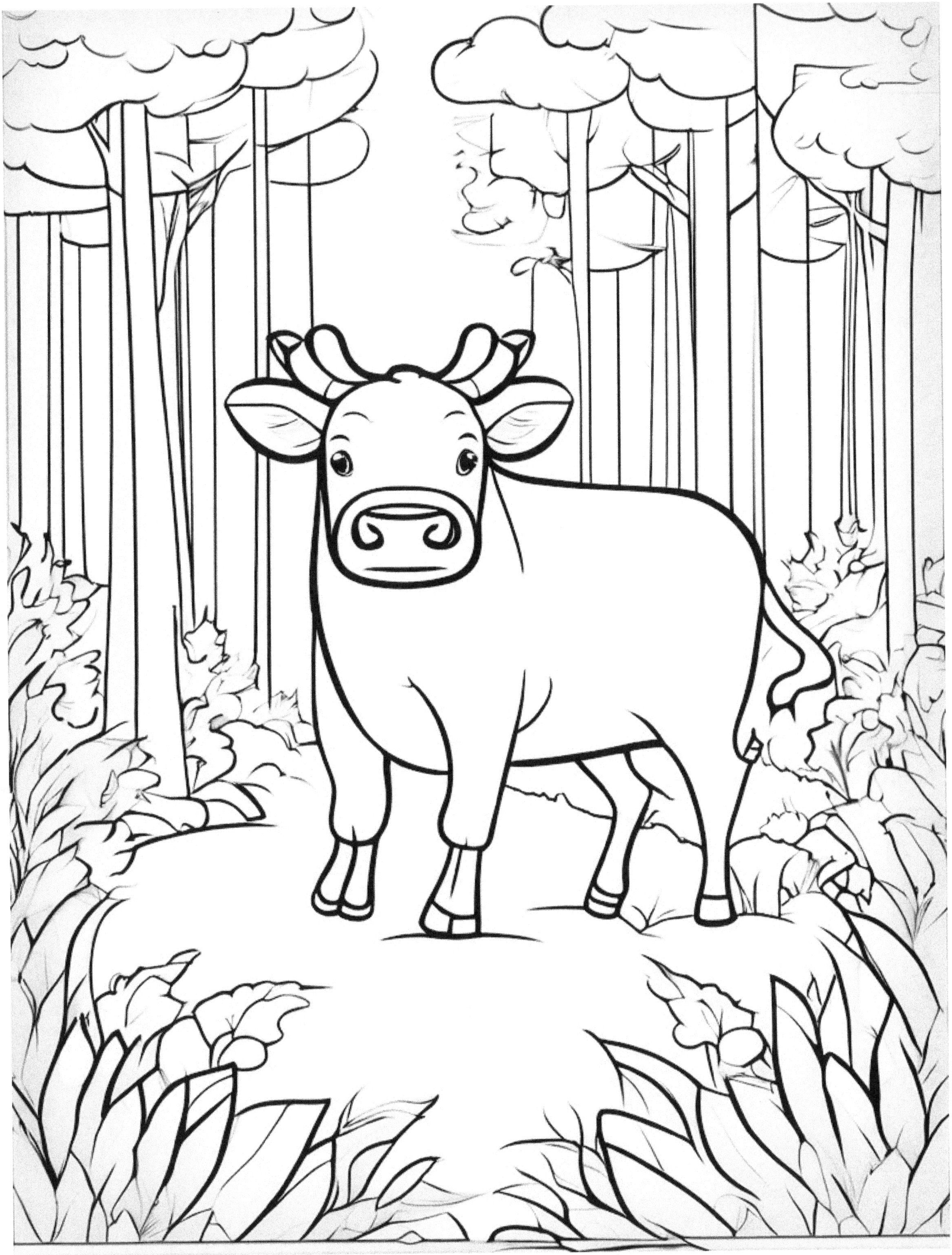

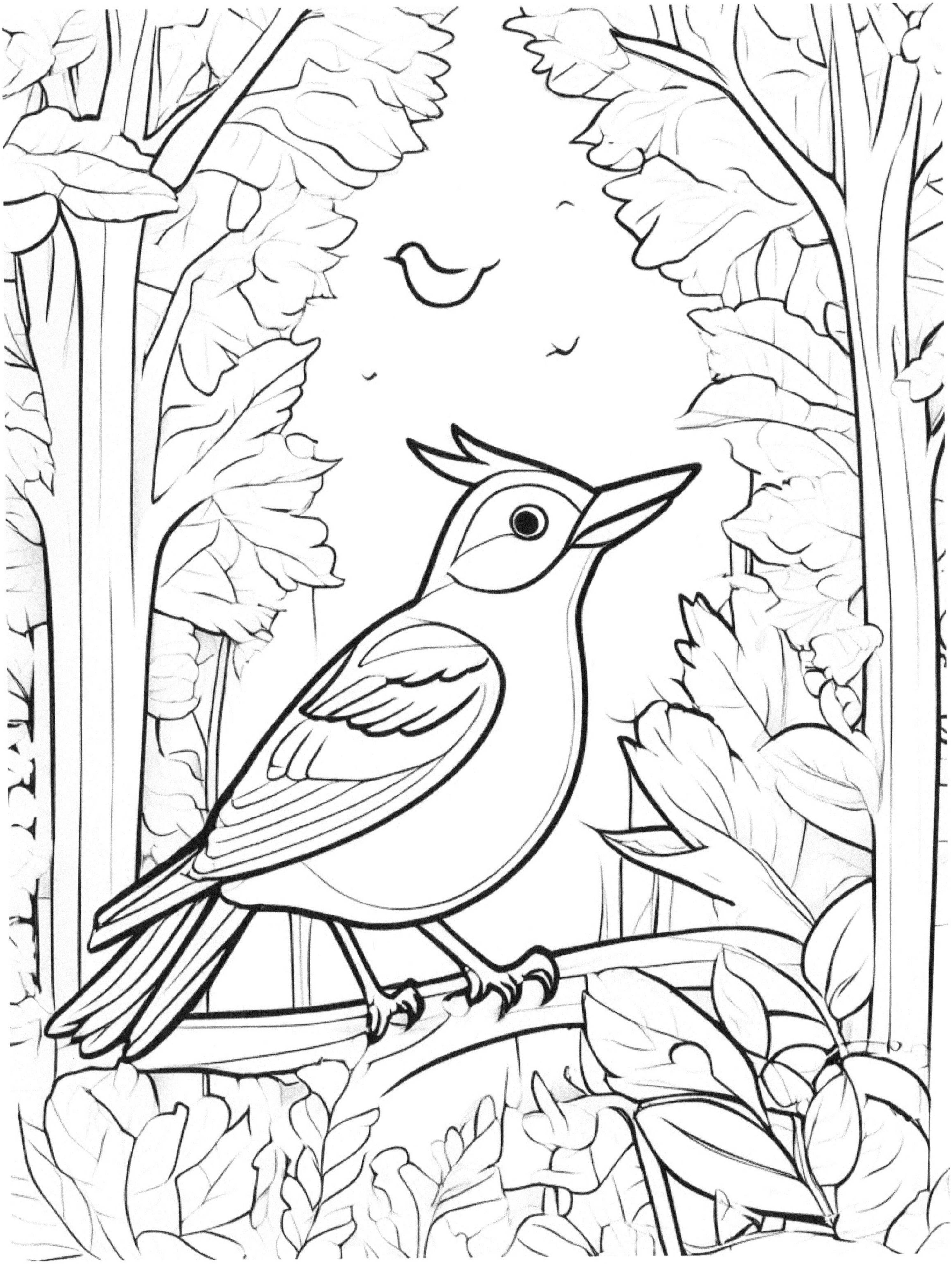

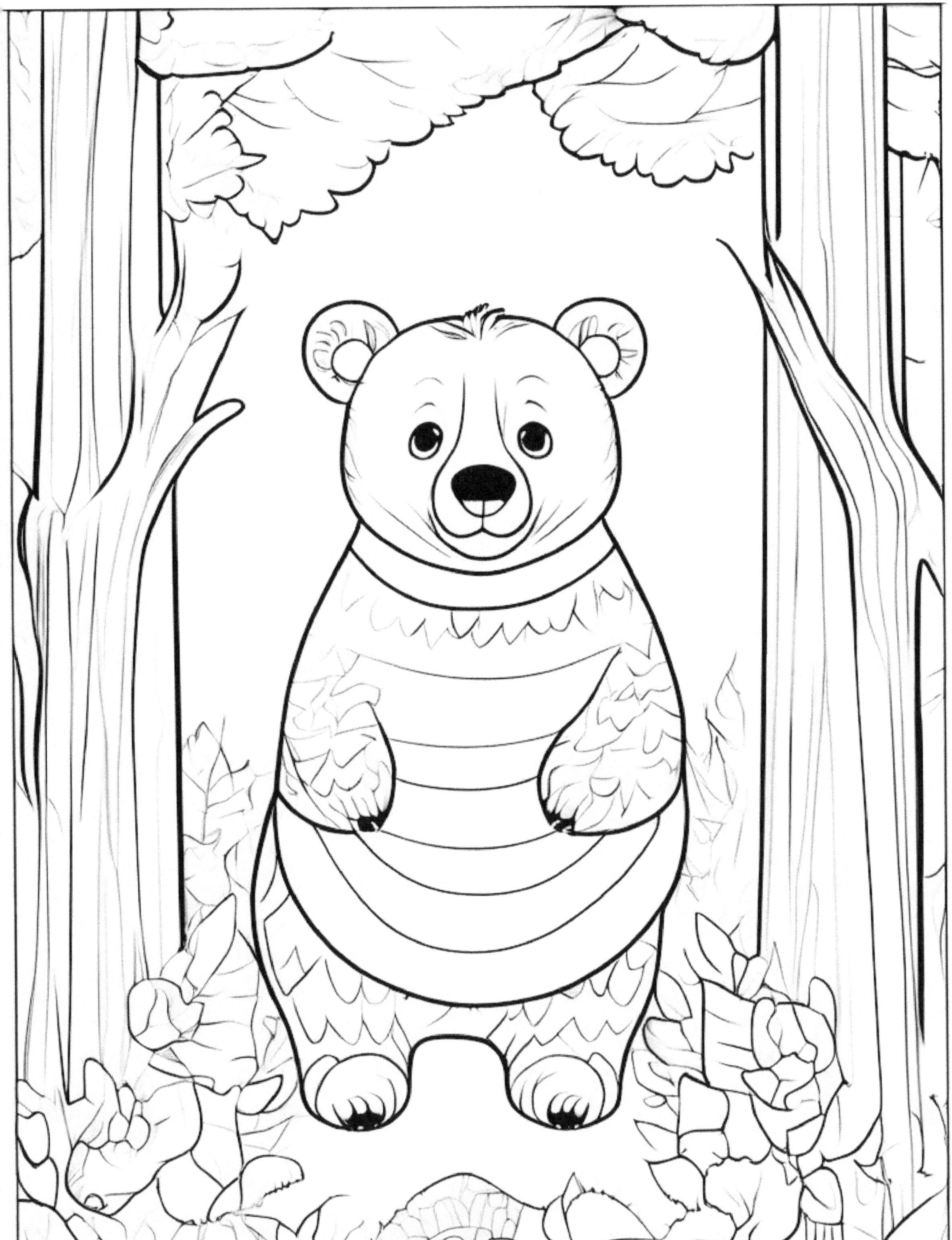

www.ingramcontent.com/pod-product-compliance
Lightning Source LLC
Chambersburg PA
CBHW080040260726
48658CB00007B/2681
* 9 7 9 8 8 8 4 1 6 1 9 2 4 *